最新法律文件解读丛书

刑事法律文件解读

总第 151 辑(2018.1)

最新法律文件解读丛书编选组　编

人民法院出版社

图书在版编目(CIP)数据

刑事法律文件解读. 总第151辑 / 最新法律文件解读丛书编选组编. —北京：人民法院出版社，2018.7
(最新法律文件解读丛书)
ISBN 978-7-5109-2174-2

Ⅰ.①刑… Ⅱ.①最… Ⅲ.①刑法-法律解释-中国②刑事诉讼法-法律解释-中国 Ⅳ.①D924.05②D925.205

中国版本图书馆 CIP 数据核字(2018)第117287号

刑事法律文件解读. 总第151辑
最新法律文件解读丛书编选组　编

责任编辑　姜　峤
出版发行　人民法院出版社
地　　址　北京市东城区东交民巷27号　邮编　100745
电　　话　(010)67550573(责任编辑)　67550558(发行部查询)
65223677(读者服务部)
客服QQ　2092078039
网　　址　http://www.courtbook.com.cn
E-mail　courtbook@sina.com
印　　刷　三河市国英印务有限公司
经　　销　新华书店
开　　本　787×1092毫米　1/16
字　　数　140千字
印　　张　8
版　　次　2018年7月第1版　　2018年7月第1次印刷
书　　号　ISBN 978-7-5109-2174-2
定　　价　22.00元

卷首语

2017年6月27日最高人民法院、最高人民检察院发布了《关于办理扰乱无线电通讯管理秩序等刑事案件适用法律若干问题的解释》，进一步明确了擅自设置、使用"黑广播""伪基站"等相关违法犯罪的法律适用标准。为准确理解和适用解释的相关规定，我们邀请相关起草人员对该解释进行了全面、细致的阐释，重点包括：对关于"擅自设置、使用无线电台（站），或者擅自使用无线电频率，干扰无线电通讯秩序"的司法认定；扰乱无线电通讯管理秩序罪的入罪门槛，即刑法第二百八十八条第一款中规定的"情节严重"的认定标准；扰乱无线电通讯管理秩序罪第二档法定刑的适用标准，即刑法第二百八十八条第一款中"情节特别严重"的认定；关于非法生产、销售"黑广播""伪基站"、无线电干扰器等无线电设备行为的定罪量刑问题；关于单位犯罪的规定；关于国家机关工作人员渎职犯罪；关于宽严相济刑事政策的适用；有关专门性问题的司法认定等问题，便于广大读者学习、适用。

《最新法律文件解读》丛书
编　辑　部

范春雪　（010）67550525

姜　峤　（010）67550573

丁丽娜　（010）67550608

张　奎　（010）67550673

路建华　（010）67550660

执行编辑　姜　峤

目　录

【法规】

【司法解释、司法指导性文件与解读】

【部门规章、规章性文件与解读】

[法规]

中华人民共和国反间谍法实施细则

（2017 年 11 月 22 日中华人民共和国国务院令
第 692 号公布　自公布之日起施行）

第一章　总　则

第一条　根据《中华人民共和国反间谍法》（以下简称《反间谍法》），制定本实施细则。

第二条　国家安全机关负责本细则的实施。

公安、保密行政管理等其他有关部门和军队有关部门按照职责分工，密切配合，加强协调，依法做好有关工作。

第三条　《反间谍法》所称“境外机构、组织”包括境外机构、组织在中华人民共和国境内设立的分支（代表）机构和分支组织；所称“境外个人”包括居住在中华人民共和国境内不具有中华人民共和国国籍的人。

第四条　《反间谍法》所称“间谍组织代理人”，是指受间谍组织或者其成员的指使、委托、资助，进行或者授意、指使他人进行危害中华人民共和国国家安全活动的人。

间谍组织和间谍组织代理人由国务院国家安全主管部门确认。

第五条　《反间谍法》所称“敌对组织”，是指敌视中华人民共和国人民民主专政的政权和社会主义制度，危害国家安全的组织。

敌对组织由国务院国家安全主管部门或者国务院公安部门确认。

第六条 《反间谍法》所称“资助”实施危害中华人民共和国国家安全的间谍行为，是指境内外机构、组织、个人的下列行为：

（一）向实施间谍行为的组织、个人提供经费、场所和物资的；

（二）向组织、个人提供用于实施间谍行为的经费、场所和物资的。

第七条 《反间谍法》所称“勾结”实施危害中华人民共和国国家安全的间谍行为，是指境内外组织、个人的下列行为：

（一）与境外机构、组织、个人共同策划或者进行危害国家安全的间谍活动的；

（二）接受境外机构、组织、个人的资助或者指使，进行危害国家安全的间谍活动的；

（三）与境外机构、组织、个人建立联系，取得支持、帮助，进行危害国家安全的间谍活动的。

第八条 下列行为属于《反间谍法》第三十九条所称“间谍行为以外的其他危害国家安全行为”：

（一）组织、策划、实施分裂国家、破坏国家统一，颠覆国家政权、推翻社会主义制度的；

（二）组织、策划、实施危害国家安全的恐怖活动的；

（三）捏造、歪曲事实，发表、散布危害国家安全的文字或者信息，或者制作、传播、出版危害国家安全的音像制品或者其他出版物的；

（四）利用设立社会团体或者企业事业组织，进行危害国家安全活动的；

（五）利用宗教进行危害国家安全活动的；

（六）组织、利用邪教进行危害国家安全活动的；

（七）制造民族纠纷，煽动民族分裂，危害国家安全的；

（八）境外个人违反有关规定，不听劝阻，擅自会见境内有危害国家安全行为或者有危害国家安全行为重大嫌疑的人员的。

第二章 国家安全机关在反间谍工作中的职权

第九条 境外个人被认为入境后可能进行危害中华人民共和国国家安全活动的，国务院国家安全主管部门可以决定其在一定时期内不得入境。

第十条 对背叛祖国、危害国家安全的犯罪嫌疑人，依据《反间谍法》

第八条的规定，国家安全机关可以通缉、追捕。

第十一条 国家安全机关依法执行反间谍工作任务时，有权向有关组织和人员调查询问有关情况。

第十二条 国家安全机关工作人员依法执行反间谍工作任务时，对发现身份不明、有危害国家安全行为的嫌疑人员，可以检查其随带物品。

第十三条 国家安全机关执行反间谍工作紧急任务的车辆，可以配置特别通行标志和警灯、警报器。

第十四条 国家安全机关工作人员依法执行反间谍工作任务的行为，不受其他组织和个人的非法干涉。

国家安全机关工作人员依法执行反间谍工作任务时，应当出示国家安全部侦察证或者其他相应证件。

国家安全机关及其工作人员在工作中，应当严格依法办事，不得超越职权、滥用职权，不得侵犯组织和个人的合法权益。

第三章　公民和组织维护国家安全的义务和权利

第十五条 机关、团体和其他组织对本单位的人员进行维护国家安全的教育，动员、组织本单位的人员防范、制止间谍行为的工作，应当接受国家安全机关的协调和指导。

机关、团体和其他组织不履行《反间谍法》和本细则规定的安全防范义务，未按照要求整改或者未达到整改要求的，国家安全机关可以约谈相关负责人，将约谈情况通报该单位上级主管部门，推动落实防范间谍行为和其他危害国家安全行为的责任。

第十六条 下列情形属于《反间谍法》第七条所称“重大贡献”：

（一）为国家安全机关提供重要线索，发现、破获严重危害国家安全的犯罪案件的；

（二）为国家安全机关提供重要情况，防范、制止严重危害国家安全的行为发生的；

（三）密切配合国家安全机关执行国家安全工作任务，表现突出的；

（四）为维护国家安全，与危害国家安全的犯罪分子进行斗争，表现突出的；

（五）在教育、动员、组织本单位的人员防范、制止危害国家安全行为的工作中，成绩显著的。

第十七条 《反间谍法》第二十四条所称“非法持有属于国家秘密的文件、资料和其他物品”是指：

（一）不应知悉某项国家秘密的人员携带、存放属于该项国家秘密的文件、资料和其他物品的；

（二）可以知悉某项国家秘密的人员，未经办理手续，私自携带、留存属于该项国家秘密的文件、资料和其他物品的。

第十八条 《反间谍法》第二十五条所称“专用间谍器材”，是指进行间谍活动特殊需要的下列器材：

（一）暗藏式窃听、窃照器材；

（二）突发式收发报机、一次性密码本、密写工具；

（三）用于获取情报的电子监听、截收器材；

（四）其他专用间谍器材。

专用间谍器材的确认，由国务院国家安全主管部门负责。

第四章 法律责任

第十九条 实施危害国家安全的行为，由有关部门依法予以处分，国家安全机关也可以予以警告；构成犯罪的，依法追究刑事责任。

第二十条 下列情形属于《反间谍法》第二十七条所称“立功表现”：

（一）揭发、检举危害国家安全的其他犯罪分子，情况属实的；

（二）提供重要线索、证据，使危害国家安全的行为得以发现和制止的；

（三）协助国家安全机关、司法机关捕获其他危害国家安全的犯罪分子的；

（四）对协助国家安全机关维护国家安全有重要作用的其他行为。

“重大立功表现”，是指在前款所列立功表现的范围内对国家安全工作有特别重要作用的。

第二十一条 有证据证明知道他人有间谍行为，或者经国家安全机关明确告知他人有危害国家安全的犯罪行为，在国家安全机关向其调查有关情况、收集有关证据时，拒绝提供的，依照《反间谍法》第二十九条的规定处理。

第二十二条　国家安全机关依法执行反间谍工作任务时，公民和组织依法有义务提供便利条件或者其他协助，拒不提供或者拒不协助，构成故意阻碍国家安全机关依法执行反间谍工作任务的，依照《反间谍法》第三十条的规定处罚。

第二十三条　故意阻碍国家安全机关依法执行反间谍工作任务，造成国家安全机关工作人员人身伤害或者财物损失的，应当依法承担赔偿责任，并由司法机关或者国家安全机关依照《反间谍法》第三十条的规定予以处罚。

第二十四条　对涉嫌间谍行为的人员，国家安全机关可以决定其在一定期限内不得出境。对违反《反间谍法》的境外个人，国务院国家安全主管部门可以决定限期离境或者驱逐出境，并决定其不得入境的期限。被驱逐出境的境外个人，自被驱逐出境之日起10年内不得入境。

第五章　附　则

第二十五条　国家安全机关、公安机关依照法律、行政法规和国家有关规定，履行防范、制止和惩治间谍行为以外的其他危害国家安全行为的职责，适用本细则的有关规定。

第二十六条　本细则自公布之日起施行。1994年6月4日国务院发布的《中华人民共和国国家安全法实施细则》同时废止。

[司法解释、司法指导性文件与解读]

最高人民法院　最高人民检察院

关于办理扰乱无线电通讯管理秩序等刑事案件适用法律若干问题的解释

法释〔2017〕11号

(2017年4月17日最高人民法院审判委员会第1715次会议、2017年5月25日最高人民检察院第十二届检察委员会第64次会议通过　2017年6月27日最高人民法院、最高人民检察院公告公布　自2017年7月1日起施行)

为依法惩治扰乱无线电通讯管理秩序犯罪，根据《中华人民共和国刑法》《中华人民共和国刑事诉讼法》的有关规定，现就办理此类刑事案件适用法律的若干问题解释如下：

第一条　具有下列情形之一的，应当认定为刑法第二百八十八条第一款规定的“擅自设置、使用无线电台（站），或者擅自使用无线电频率，干扰无线电通讯秩序”：

（一）未经批准设置无线电广播电台（以下简称“黑广播”），非法使用广播电视专用频段的频率的；

（二）未经批准设置通信基站（以下简称“伪基站”），强行向不特定用户发送信息，非法使用公众移动通信频率的；

（三）未经批准使用卫星无线电频率的；

（四）非法设置、使用无线电干扰器的；

（五）其他擅自设置、使用无线电台（站），或者擅自使用无线电频率，干扰无线电通讯秩序的情形。

第二条 违反国家规定，擅自设置、使用无线电台（站），或者擅自使用无线电频率，干扰无线电通讯秩序，具有下列情形之一的，应当认定为刑法第二百八十八条第一款规定的“情节严重”：

（一）影响航天器、航空器、铁路机车、船舶专用无线电导航、遇险救助和安全通信等涉及公共安全的无线电频率正常使用的；

（二）自然灾害、事故灾难、公共卫生事件、社会安全事件等突发事件期间，在事件发生地使用“黑广播”“伪基站”的；

（三）举办国家或者省级重大活动期间，在活动场所及周边使用“黑广播”“伪基站”的；

（四）同时使用三个以上“黑广播”“伪基站”的；

（五）“黑广播”的实测发射功率五百瓦以上，或者覆盖范围十公里以上的；

（六）使用“伪基站”发送诈骗、赌博、招嫖、木马病毒、钓鱼网站链接等违法犯罪信息，数量在五千条以上，或者销毁发送数量等记录的；

（七）雇佣、指使未成年人、残疾人等特定人员使用“伪基站”的；

（八）违法所得三万元以上的；

（九）曾因扰乱无线电通讯管理秩序受过刑事处罚，或者二年内曾因扰乱无线电通讯管理秩序受过行政处罚，又实施刑法第二百八十八条规定的行为的；

（十）其他情节严重的情形。

第三条 违反国家规定，擅自设置、使用无线电台（站），或者擅自使用无线电频率，干扰无线电通讯秩序，具有下列情形之一的，应当认定为刑法第二百八十八条第一款规定的“情节特别严重”：

（一）影响航天器、航空器、铁路机车、船舶专用无线电导航、遇险救助和安全通信等涉及公共安全的无线电频率正常使用，危及公共安全的；

（二）造成公共秩序混乱等严重后果的；

（三）自然灾害、事故灾难、公共卫生事件和社会安全事件等突发事件期间，在事件发生地使用“黑广播”“伪基站”，造成严重影响的；

（四）对国家或者省级重大活动造成严重影响的；

（五）同时使用十个以上“黑广播”“伪基站”的；

（六）“黑广播”的实测发射功率三千瓦以上，或者覆盖范围二十公里以上的；

（七）违法所得十五万元以上的；

（八）其他情节特别严重的情形。

第四条 非法生产、销售“黑广播”“伪基站”、无线电干扰器等无线电设备，具有下列情形之一的，应当认定为刑法第二百二十五条规定的“情节严重”：

（一）非法生产、销售无线电设备三套以上的；

（二）非法经营数额五万元以上的；

（三）其他情节严重的情形。

实施前款规定的行为，数量或者数额达到前款第一项、第二项规定标准五倍以上，或者具有其他情节特别严重的情形的，应当认定为刑法第二百二十五条规定的“情节特别严重”。

在非法生产、销售无线电设备窝点查扣的零件，以组装完成的套数以及能够组装的套数认定；无法组装为成套设备的，每三套广播信号调制器（激励器）认定为一套“黑广播”设备，每三块主板认定为一套“伪基站”设备。

第五条 单位犯本解释规定之罪的，对单位判处罚金，并对直接负责的主管人员和其他直接责任人员，依照本解释规定的自然人犯罪的定罪量刑标准定罪处罚。

第六条 擅自设置、使用无线电台（站），或者擅自使用无线电频率，同时构成其他犯罪的，按照处罚较重的规定定罪处罚。

明知他人实施诈骗等犯罪，使用“黑广播”“伪基站”等无线电设备为其发送信息或者提供其他帮助，同时构成其他犯罪的，按照处罚较重的规定定罪处罚。

第七条 负有无线电监督管理职责的国家机关工作人员滥用职权或者玩忽职守，致使公共财产、国家和人民利益遭受重大损失的，应当依照刑法第三百九十七条的规定，以滥用职权罪或者玩忽职守罪追究刑事责任。

有查禁扰乱无线电管理秩序犯罪活动职责的国家机关工作人员，向犯罪分子通风报信、提供便利，帮助犯罪分子逃避处罚的，应当依照刑法第四百一十七条的规定，以帮助犯罪分子逃避处罚罪追究刑事责任；事先通谋的，以共同犯罪论处。

第八条 为合法经营活动，使用“黑广播”“伪基站”或者实施其他扰乱无线电通讯管理秩序的行为，构成扰乱无线电通讯管理秩序罪，但不属于“情节特别严重”，行为人系初犯，并确有悔罪表现的，可以认定为情节轻微，不起诉或者免予刑事处罚；确有必要判处刑罚的，应当从宽处罚。

第九条 对案件所涉的有关专门性问题难以确定的，依据司法鉴定机构出具的鉴定意见，或者下列机构出具的报告，结合其他证据作出认定：

（一）省级以上无线电管理机构、省级无线电管理机构依法设立的派出机构、地市级以上广播电视主管部门就是否系“伪基站”“黑广播”出具的报告；

（二）省级以上广播电视主管部门及其指定的检测机构就“黑广播”功率、覆盖范围出具的报告；

（三）省级以上航空、铁路、船舶等主管部门就是否干扰导航、通信等出具的报告。

对移动终端用户受影响的情况，可以依据相关通信运营商出具的证明，结合被告人供述、终端用户证言等证据作出认定。

第十条 本解释自2017年7月1日起施行。

解读——

《最高人民法院、最高人民检察院关于办理扰乱无线电通讯管理秩序等刑事案件适用法律若干问题的解释》

缐　杰　卢宇蓉　杨建军*

最高人民法院、最高人民检察院（以下简称“两高”）于2017年6月27日发布了《关于办理扰乱无线电通讯管理秩序等刑事案件适用法律若干问题

* 作者单位：最高人民检察院法律政策研究室。

的解释》（以下简称《解释》）。为准确理解和适用《解释》的相关规定，现对《解释》解读如下。

一、《解释》的起草背景与过程

无线电通讯技术的广泛应用便利了人们的生产生活，但近年来，利用“黑广播”“伪基站”等无线电技术手段进行的违法犯罪活动也日益增多。“黑广播”是指未经广播电视管理部门和无线电管理机构批准，擅自设置的无线电广播电台。“伪基站”是指未取得电信设备进网许可和无线电发射设备型号核准的无线电通信设备及发射站点。“伪基站”具有收集手机用户信息，强行向不特定用户手机发送短信息等功能，使用“伪基站”技术通常会非法占用公众移动通信频率，局部阻断公众移动通信网络信号。实践中，一些单位和个人为了牟利不择手段，使用“黑广播”“伪基站”等非法无线电设备，发送假药广告、诈骗消息等有害信息，既严重扰乱无线电通讯管理秩序，又助推了电信诈骗犯罪，有的甚至给航空飞行安全造成了严重威胁。

为有效维护无线电通讯秩序，2015 年 11 月 1 日生效的刑法修正案（九）对扰乱无线电通讯管理秩序罪作出修改，将刑法第二百八十八条第一款修改为：“违反国家规定，擅自设置、使用无线电台（站），或者擅自使用无线电频率，干扰无线电通讯秩序，情节严重的，处三年以下有期徒刑、拘役或者管制，并处或者单处罚金；情节特别严重的，处三年以上七年以下有期徒刑，并处罚金。”修改主要有两点：一是删去“经责令停止使用后拒不停止使用”；二是将该罪由结果犯修改为情节犯。为保证刑法修正案（九）顺利实施，加大对“黑广播”“伪基站”等犯罪的打击，2016 年初，最高人民法院、最高人民检察院启动扰乱无线电通讯管理秩序犯罪司法解释工作。经反复研究、广泛调研，征求全国检察系统、法院系统、全国人大常委会法工委、工业和信息化部、公安部、国家新闻出版广电总局等单位的意见，召开专家论证会，形成该解释审议稿。

2017 年 4 月 17 日最高人民法院审判委员会第 1715 次会议、2017 年 5 月 25 日最高人民检察院第十二届检察委员会第 64 次会议审议通过《解释》。2017 年 6 月 27 日，两高正式对外发布《解释》，自 2017 年 7 月 1 日起施行。

二、《解释》规定的主要内容

《解释》共十条，主要规定了以下内容：一是关于“擅自设置、使用无线电台（站），或者擅自使用无线电频率，干扰无线电通讯秩序”的司法认定（第一条）。二是关于扰乱无线电通讯管理秩序罪“情节严重”“情节特别严重”的认定标准（第二条至第三条）。三是关于非法生产、销售“黑广播”“伪基站”等无线电设备行为的定罪量刑问题（第四条）。四是单位犯罪、犯罪竞合及有关渎职罪的处断原则（第五条至第七条）。五是宽严相济刑事政策的具体运用（第八条）。六是对有关专门性问题证据材料的认定（第九条）。七是解释的生效时间（第十条）。

三、《解释》的理解与适用

（一）关于“擅自设置、使用无线电台（站），或者擅自使用无线电频率，干扰无线电通讯秩序”的司法认定

《解释》第一条明确规定了应当认定为刑法第二百八十八条第一款规定的“擅自设置、使用无线电台（站），或者擅自使用无线电频率，干扰无线电通讯秩序”的情形。具体包括五项：

第一项规定了未经批准设置“黑广播”，非法使用广播电视专用频段的频率向社会进行播音宣传的行为。第二项规定了未经批准设置“伪基站”，强行向不特定用户发送信息，非法使用公众移动通信频率的行为。第三项规定了未经批准使用卫星无线电频率的行为。实践中，已出现擅自使用卫星频率的情况，鉴于这种行为可能造成严重危害后果，有必要规定刑罚予以惩戒。第四项规定了非法设置、使用无线电干扰器的行为。第五项是兜底条款。

（二）扰乱无线电通讯管理秩序罪的入罪门槛，即刑法第二百八十八条第一款中规定的“情节严重”的认定标准

《解释》第二条明确了“违反国家规定，擅自设置、使用无线电台（站），或者擅自使用无线电频率，干扰无线电通讯秩序，情节严重”的适用标准。具体包括十种情形：

第一项是对有关干扰涉及公共安全的特殊无线电频率行为的规定。航天器、航空器、铁路机车、船舶专用无线电导航、遇险救助和安全通信等涉及公共安全的无线电频率使用范围广、使用频率高、事关不特定多数人的人身、财产安全和社会安全，十分重要。2016 年 12 月 1 日起施行的《中华人民共和国无线电管理条例》六十四条规定：“国家对船舶、航天器、航空器、铁路机车专用的无线电导航、遇险救助和安全通信等涉及人身安全的无线电频率予以特

别保护。任何无线电发射设备和辐射无线电波的非无线电设备对其产生有害干扰的，应当立即消除有害干扰。”鉴于此类特殊的无线电通讯管理秩序的重要性，《解释》第二条第一项将对航天器、航空器、铁路机车、船舶专用无线电导航、遇险救助和安全通信等涉及公共安全的无线电频率造成有害干扰，影响正常使用的行为，明确规定为扰乱无线电通讯管理秩序“情节严重”的情形之一。

第二项是对突发事件期间擅自设置、使用“黑广播”“伪基站”的规定。在自然灾害、事故灾难、公共卫生事件、社会安全事件等突发事件期间，在突发事件发生地使用“黑广播”“伪基站”，干扰当地无线电频率的正常使用，影响广播、通讯等无线电通讯管理秩序，会阻碍或者对突发事件的应对与处置造成不利影响。

第三项规定了举办国家或者省级重大活动期间禁止在活动场所及周边使用“黑广播”“伪基站”的情形。实践中，确保无线电通讯正常秩序是顺利举办重大活动任务的重要保障。举办国家或者省级重大活动期间，在活动场所及周边使用“黑广播”“伪基站”，会对活动场所及周边的无线电磁环境造成强烈干扰，影响活动正常进行，社会危害大。

第四项是对同时使用多个“黑广播”“伪基站”入罪标准的规定。实践中，犯罪嫌疑人、被告人一般采用安装小功率设备、多点密布的方式，使用多个“黑广播”或“伪基站”。为防止行为人通过降低发射功率等方式逃避刑事打击，该项明确行为人同时使用三个以上“黑广播”“伪基站”的，应当属于扰乱无线电通讯管理秩序“情节严重”的情形之一。

第五项根据“黑广播”的功率和覆盖范围对有关入罪标准作出规定。“黑广播”的危害后果取决于发射功率和覆盖范围。该项根据国家无线电监测中心和国家无线电频谱管理中心的调研数据，以“黑广播”功率或者信号覆盖范围大小为标准，对有关扰乱无线电通讯管理秩序行为的入罪标准作出规定。

第六项是对使用“伪基站”发送违法犯罪信息数量大，或者销毁有关发送记录行为的规定。使用“伪基站”发送违法犯罪信息，不仅严重扰乱无线电通讯管理秩序，同时助长电信诈骗等犯罪，甚至可能会引发一系列的次生违法犯罪行为，因此，该项将使用“伪基站”发送诈骗、赌博、招嫖、木马病毒等违法犯罪信息，数量达到5000条以上，或者销毁发送数量等记录的，规定为“情节严重”的情形之一。

第七项是关于雇佣、指使未成年人、残疾人等特定人员使用“伪基站”的规定。实践中，一些犯罪分子为了逃避打击，雇佣、指使未成年人、残疾人等特定人员使用“伪基站”的情况较为常见。这些雇佣、指使他人使用“伪基站”的犯罪分子，不仅有教唆他人实施违法犯罪行为的故意，也具备了职业化犯罪的特征，应当从重给予处罚。

第八项是对违法所得数额标准作出的规定。该项参考了2014年3月最高人民法院、最高人民检察院、公安部、国家安全部《关于依法办理非法生产销售使用“伪基站”设备案件的意见》（以下简称《意见》），将违法所得数额三万元以上的作为“情节严重”的情形之一。

第九项是根据有关犯罪行为并结合人身危险性大小对入罪标准作出的特殊规定。根据第九项规定，行为人曾因扰乱无线电通讯秩序受过刑事处罚，或者二年内曾因扰乱无线电通讯管理秩序行为被行政处罚，又实施刑法第二百八十八条规定的行为的，应当认定为“情节严重”的情形之一。

第十项是兜底条款。

（三）扰乱无线电通讯管理秩序罪第二档法定刑的适用标准，即刑法第二百八十八条第一款中“情节特别严重”的认定

《解释》第三条规定了应当认定为扰乱无线电通讯管理秩序罪“情节特别严重”的认定标准。具体包括八种情形：

第一项是影响涉及公共安全的无线电频率正常使用，危及公共安全的规定。根据该项规定，影响航天器、航空器、铁路机车、船舶专用无线电导航、遇险救助和安全通信等涉及公共安全的无线电频率正常使用，危及公共安全的，应当认定为属于扰乱无线电通讯管理秩序“情节特别严重”的情形之一。

第二项是对造成公共秩序混乱等严重后果的规定。违反国家规定，擅自设置、使用无线电台（站），或者擅自使用无线电频率，扰乱无线电通讯秩序，引起人员聚集起哄闹事、静坐示威、堵塞交通、毁坏公共设施等公共场所秩序混乱等严重后果的，依法应予严厉惩处。

第三项是突发事件期间在事件发生地擅自设置、使用“黑广播”“伪基站”造成严重影响的规定。

第四项是对国家或者省级重大活动造成严重影响的规定。在国家或者省级重大活动举办期间，擅自设置、使用无线电台（站）或者擅自使用无线电频率，致使重大活动无法正常进行或者重大活动推延等，严重影响国家或者省级

重大活动的，应当认定为“情节特别严重”的情形之一。

第五项规定同时使用十个以上“黑广播”“伪基站”的行为，应当认定为“情节特别严重”的情形之一。

第六项是以“黑广播”发射功率和发射覆盖范围为标准，对是否属于扰乱无线电通讯管理秩序“情节特别严重”作出的规定。根据该项规定，“黑广播”的实测发射功率三千瓦以上，或者覆盖范围二十公里以上的，应当认定为扰乱无线电通讯管理秩序“情节特别严重”的情形之一。

第七项是根据违法所得数额大小，对扰乱无线电通讯管理秩序“情节特别严重”的情形作出规定。根据该项规定，利用“黑广播”“伪基站”等无线电设备实施扰乱无线电通讯管理秩序犯罪，违法所得数额达到十五万元以上的，应当认定为“情节特别严重”的情形之一。

第八项是兜底条款。

（四）关于非法生产、销售“黑广播”“伪基站”、无线电干扰器等无线电设备行为的定罪量刑问题

《解释》第四条规定非法生产、销售“黑广播”“伪基站”、无线电干扰器等无线电设备，构成犯罪的，应当以非法经营罪追究其刑事责任，并明确了有关定罪量刑标准。

第一款以有关设备的套数、非法经营数额等为标准，规定了非法生产、销售“黑广播”“伪基站”、无线电干扰器等无线电设备，构成非法经营罪的入罪标准。根据该条第一款规定，非法生产、销售“黑广播”“伪基站”、无线电干扰器等无线电设备，具有下列情形之一的，应当认定为刑法第二百二十五条规定的“情节严重”：(1) 非法生产、销售无线电设备三套以上的；(2) 非法经营数额五万元以上的；(3) 其他情节严重的情形。

第二款明确了非法生产、销售“黑广播”“伪基站”、无线电干扰器等无线电设备构成非法经营罪，适用第二档法定刑的标准。适用“情节特别严重”的有关数额标准，按照第一款“情节严重”相应标准的五倍掌握，同时该款也规定了兜底项，即“其他情节特别严重”的情形。

第三款明确了“黑广播”“伪基站”、无线电干扰器等无线电设备套数的认定标准。根据该款规定，对于在非法生产、销售无线电设备窝点查扣的“黑广播”“伪基站”等无线电设备零件，以组装完成的套数以及能够组装的套数认定；如果没有办法组装为成套设备的，那么每三套广播信号调制器

（激励器）认定为一套“黑广播”设备，每三块主板认定为一套“伪基站”设备。

（五）关于单位犯罪的规定

《解释》第五条明确规定了单位犯罪的处罚。根据该条规定，单位犯本解释规定之罪的，对单位判处罚金，并对直接负责的主管人员和其他直接责任人员，依照本解释规定的自然人犯罪的定罪量刑标准定罪处罚。

（六）关于竞合犯的处断规则

《解释》第六条规定了竞合犯罪的处断规则。实践中，行为人实施扰乱无线电通讯管理秩序犯罪可能与其他犯罪发生竞合，主要有两种情况：一是擅自设置、使用无线电台（站），或者擅自使用无线电频率，同时构成其他犯罪的。二是明知他人实施诈骗等犯罪，使用“黑广播”“伪基站”等无线电设备为其发送信息或者提供其他帮助，同时构成其他犯罪的。该条分两款规定了上述两种竞合的情形，并明确规定对这两种情形下的犯罪竞合，按照处罚较重的规定定罪处罚。

（七）关于国家机关工作人员渎职犯罪

《解释》第七条规定了国家机关工作人员有关渎职犯罪问题。该条分两款，明确了两类渎职犯罪的定罪处罚。

第一款规定，负有无线电监督管理职责的国家机关工作人员滥用职权或者玩忽职守，致使公共财产、国家和人民利益遭受重大损失的，应当以滥用职权罪或者玩忽职守罪追究刑事责任。

第二款规定，有查禁扰乱无线电通讯管理秩序犯罪活动职责的国家机关工作人员，向犯罪分子通风报信、提供便利，帮助犯罪分子逃避处罚的，应当以帮助犯罪分子逃避处罚罪追究刑事责任；事先通谋的，以共同犯罪论处。

（八）关于宽严相济刑事政策的适用

《解释》第八条是贯彻宽严相济刑事政策的规定。

实践中，存在利用“黑广播”“伪基站”发送合法经营业务等无害信息的情形，如发送服饰经营、商场促销等信息。为在刑事司法中贯彻落实宽严相济刑事政策，同时也更好地体现“犯罪嫌疑人、被告人认罪认罚从宽制度”的精神，《解释》第八条专门规定，为合法经营活动，使用“黑广播”“伪基站”或者实施其他扰乱无线电通讯管理秩序的行为，构成扰乱无线电通讯管理秩序罪，但不属于“情节特别严重”，如果行为人系初犯，并确有悔罪表现的，可以认定为情节轻微，不起诉或者免予刑事处罚；确有必要判处刑罚的，应当从宽处罚。该条规定避免了实践中可能出现打击面过大的情况，同时也为行政执法活动预留了合理的空间。

（九）有关专门性问题的司法认定

《解释》第九条分两款明确了有关专门性问题的司法认定。

根据第一款规定，对案件所涉及的有关专门性问题难以确定的，依据司法鉴定机构出具的鉴定意见，或者依据有关机构出具的报告，结合其他证据作出认定。有关机构出具的报告包括：(1) 省级以上无线电管理机构、省级无线电管理机构依法设立的派出机构、地市级以上广播电视主管部门就是否系“伪基站”“黑广播”出具的报告；(2) 省级以上广播电视主管部门及其指定的检测机构就“黑广播”功率、覆盖范围出具的报告；(3) 省级以上航空、铁路、船舶等主管部门就是否干扰导航、通信等出具的报告。

根据第二款规定，对移动终端用户受影响的情况，可以依据相关通信运营商出具的证明，结合被告人供述、终端用户证言等证据作出认定。

最高人民检察院　公安部

关于印发《最高人民检察院公安部关于公安机关办理经济犯罪案件的若干规定》的通知

2017 年 11 月 24 日　　公通字〔2017〕25 号

各省、自治区、直辖市人民检察院、公安厅（局），新疆生产建设兵团人民检察院、公安局：

为了深入贯彻全面推进依法治国的基本方略，认真落实中央司法体制改革和以审判为中心的刑事诉讼制度改革的有关部署要求，进一步规范公安机关办理经济犯罪案件，加强人民检察院的法律监督，最高人民检察院和公安部依据《中华人民共和国刑事诉讼法》等有关法律、法规和规章，经征求最高人民法院等有关部门意见，结合打击经济犯罪工作实际，研究修订了《公安机关办理经济犯罪案件的若干规定》。现将《最高人民检察院公安部关于公安机关办理经济犯罪案件的若干规定》印发给你们，请遵照执行。

各地在执行中遇到的问题，请分别报最高人民检察院和公安部。

附：

最高人民检察院　公安部
《关于公安机关办理经济犯罪案件的若干规定》

第一章　总　则

第一条　为了规范公安机关办理经济犯罪案件程序，加强人民检察院的法律监督，保证严格、规范、公正、文明执法，依法惩治经济犯罪，维护社会主义市场经济秩序，保护公民、法人和其他组织的合法权益，依据《中华人民共和国刑事诉讼法》等有关法律、法规和规章，结合工作实际，制定本规定。

第二条　公安机关办理经济犯罪案件，应当坚持惩罚犯罪与保障人权并重、实体公正与程序公正并重、查证犯罪与挽回损失并重，严格区分经济犯罪与经济纠纷的界限，不得滥用职权、玩忽职守。

第三条　公安机关办理经济犯罪案件，应当坚持平等保护公有制经济与非公有制经济，坚持各类市场主体的诉讼地位平等、法律适用平等、法律责任平等，加强对各种所有制经济产权与合法利益的保护。

第四条　公安机关办理经济犯罪案件，应当严格依照法定程序进行，规范使用调查性侦查措施，准确适用限制人身、财产权利的强制性措施。

第五条　公安机关办理经济犯罪案件，应当既坚持严格依法办案，又注意办案方法，慎重选择办案时机和方式，注重保障正常的生产经营活动顺利进行。

第六条 公安机关办理经济犯罪案件，应当坚持以事实为根据、以法律为准绳，同人民检察院、人民法院分工负责、互相配合、互相制约，以保证准确有效地执行法律。

第七条 公安机关、人民检察院应当按照法律规定的证据裁判要求和标准收集、固定、审查、运用证据，没有确实、充分的证据不得认定犯罪事实，严禁刑讯逼供和以威胁、引诱、欺骗以及其他非法方法收集证据，不得强迫任何人证实自己有罪。

第二章 管 辖

第八条 经济犯罪案件由犯罪地的公安机关管辖。如果由犯罪嫌疑人居住地的公安机关管辖更为适宜的，可以由犯罪嫌疑人居住地的公安机关管辖。

犯罪地包括犯罪行为发生地和犯罪结果发生地。犯罪行为发生地，包括犯罪行为的实施地以及预备地、开始地、途经地、结束地等与犯罪行为有关的地点；犯罪行为有连续、持续或者继续状态的，犯罪行为连续、持续或者继续实施的地方都属于犯罪行为发生地。犯罪结果发生地，包括犯罪对象被侵害地、犯罪所得的实际取得地、藏匿地、转移地、使用地、销售地。

居住地包括户籍所在地、经常居住地。户籍所在地与经常居住地不一致的，由经常居住地的公安机关管辖。经常居住地是指公民离开户籍所在地最后连续居住一年以上的地方，但是住院就医的除外。

单位涉嫌经济犯罪的，由犯罪地或者所在地公安机关管辖。所在地是指单位登记的住所地。主要营业地或者主要办事机构所在地与登记的住所地不一致的，主要营业地或者主要办事机构所在地为其所在地。

法律、司法解释或者其他规范性文件对有关经济犯罪案件的管辖作出特别规定的，从其规定。

第九条 非国家工作人员利用职务上的便利实施经济犯罪的，由犯罪嫌疑人工作单位所在地公安机关管辖。如果由犯罪行为实施地或者犯罪嫌疑人居住地的公安机关管辖更为适宜的，也可以由犯罪行为实施地或者犯罪嫌疑人居住地的公安机关管辖。

第十条 上级公安机关必要时可以立案侦查或者组织、指挥、参与侦查下级公安机关管辖的经济犯罪案件。

对重大、疑难、复杂或者跨区域性经济犯罪案件，需要由上级公安机关立案侦查的，下级公安机关可以请求移送上一级公安机关立案侦查。

第十一条 几个公安机关都有权管辖的经济犯罪案件，由最初受理的公安机关管辖。必要时，可以由主要犯罪地的公安机关管辖。对管辖不明确或者有争议的，应当协商管辖；协商不成的，由共同的上级公安机关指定管辖。

主要利用通讯工具、互联网等技术手段实施的经济犯罪案件，由最初发现、受理的公安机关或者主要犯罪地的公安机关管辖。

第十二条 公安机关办理跨区域性涉众型经济犯罪案件，应当坚持统一指挥协调、统一办案要求的原则。

对跨区域性涉众型经济犯罪案件，犯罪地公安机关应当立案侦查，并由一个地方公安机关为主侦查，其他公安机关应当积极协助。必要时，可以并案侦查。

第十三条 上级公安机关指定下级公安机关立案侦查的经济犯罪案件，需要逮捕犯罪嫌疑人的，由侦查该案件的公安机关提请同级人民检察院审查批准；需要移送审查起诉的，由侦查该案件的公安机关移送同级人民检察院审查起诉。

人民检察院受理公安机关移送审查起诉的经济犯罪案件，认为需要依照刑事诉讼法的规定指定审判管辖的，应当协商同级人民法院办理指定管辖有关事宜。

对跨区域性涉众型经济犯罪案件，公安机关指定管辖的，应当事先向同级人民检察院、人民法院通报和协商。

第三章 立案、撤案

第十四条 公安机关对涉嫌经济犯罪线索的报案、控告、举报、自动投案，不论是否有管辖权，都应当接受并登记，由最初受理的公安机关依照法定程序办理，不得以管辖权为由推诿或者拒绝。

经审查，认为有犯罪事实，但不属于其管辖的案件，应当及时移送有管辖权的机关处理。对于不属于其管辖又必须采取紧急措施的，应当先采取紧急措施，再移送主管机关。

第十五条 公安机关接受涉嫌经济犯罪线索的报案、控告、举报、自动投案后，应当立即进行审查，并在七日以内决定是否立案；重大、疑难、复杂线索，经县级以上公安机关负责人批准，立案审查期限可以延长至三十日；特别重大、疑难、复杂或者跨区域性的线索，经上一级公安机关负责人批准，立案审查期限可以再延长三十日。

上级公安机关指定管辖或者书面通知立案的，应当在指定期限以内立案侦查。人民检察院通知立案的，应当在十五日以内立案侦查。

第十六条 公安机关接受行政执法机关移送的涉嫌经济犯罪案件后，移送材料符合相关规定的，应当在三日以内进行审查并决定是否立案，至迟应当在十日以内作出决定。案情重大、疑难、复杂或者跨区域性的，经县级以上公安机关负责人批准，应当在三十日以内决定是否立案。情况特殊的，经上一级公安机关负责人批准，可以再延长三十日作出决定。

第十七条 公安机关经立案审查，同时符合下列条件的，应当立案：

（一）认为有犯罪事实；

（二）涉嫌犯罪数额、结果或者其他情节符合经济犯罪案件的立案追诉标准，需要追究刑事责任；

（三）属于该公安机关管辖。

第十八条 在立案审查中，发现案件事实或者线索不明的，经公安机关办案部门负责人批准，可以依照有关规定采取询问、查询、勘验、鉴定和调取证据材料等不限制被调查对象人身、财产权利的措施。经审查，认为有犯罪事实，需要追究刑事责任的，经县级以上公安机关负责人批准，予以立案。

公安机关立案后，应当采取调查性侦查措施，但是一般不得采取限制人身、财产权利的强制性措施。确有必要采取的，必须严格依照法律规定的条件和程序。严禁在没有证据的情况下，查封、扣押、冻结涉案财物或者拘留、逮捕犯罪嫌疑人。

公安机关立案后，在三十日以内经积极侦查，仍然无法收集到证明有犯罪事实需要对犯罪嫌疑人追究刑事责任的充分证据的，应当立即撤销案件或者终止侦查。重大、疑难、复杂案件，经上一级公安机关负责人批准，可以再延长三十日。

上级公安机关认为不应当立案，责令限期纠正的，或者人民检察院认为不应当立案，通知撤销案件的，公安机关应当及时撤销案件。

第十九条 对有控告人的案件，经审查决定不予立案的，应当在立案审查的期限内制作不予立案通知书，并在三日以内送达控告人。

第二十条 涉嫌经济犯罪的案件与人民法院正在审理或者作出生效裁判文书的民事案件，属于同一法律事实或者有牵连关系，符合下列条件之一的，应当立案：

（一）人民法院在审理民事案件或者执行过程中，发现有经济犯罪嫌疑，裁定不予受理、驳回起诉、中止诉讼、判决驳回诉讼请求或者中止执行生效裁判文书，并将有关材料移送公安机关的；

（二）人民检察院依法通知公安机关立案的；

（三）公安机关认为有证据证明有犯罪事实，需要追究刑事责任，经省级以上公安机关负责人批准的。

有前款第二项、第三项情形的，公安机关立案后，应当严格依照法律规定的条件和程序采取强制措施和侦查措施，并将立案决定书等法律文书及相关案件材料复印件抄送正在审理或者作出生效裁判文书的人民法院并说明立案理由，同时通报与办理民事案件的人民法院同级的人民检察院，必要时可以报告上级公安机关。

在侦查过程中，不得妨碍人民法院民事诉讼活动的正常进行。

第二十一条 公安机关在侦查过程中、人民检察院在审查起诉过程中，发现具有下列情形之一的，应当将立案决定书、起诉意见书等法律文书及相关案件材料复印件抄送正在审理或者作出生效裁判文书的人民法院，由人民法院依法处理：

（一）侦查、审查起诉的经济犯罪案件与人民法院正在审理或者作出生效裁判文书的民事案件属于同一法律事实或者有牵连关系的；

（二）涉案财物已被有关当事人申请执行的。

有前款规定情形的，公安机关、人民检察院应当同时将有关情况通报与办理民事案件的人民法院同级的人民检察院。

公安机关将相关法律文书及案件材料复印件抄送人民法院后一个月以内未收到回复的，必要时，可以报告上级公安机关。

立案侦查、审查起诉的经济犯罪案件与仲裁机构作出仲裁裁决的民事案件属于同一法律事实或者有牵连关系，且人民法院已经受理与该仲裁裁决相关申请的，依照本条第一款至第三款的规定办理。

第二十二条 涉嫌经济犯罪的案件与人民法院正在审理或者作出生效裁判

文书以及仲裁机构作出裁决的民事案件有关联但不属同一法律事实的，公安机关可以立案侦查，但是不得以刑事立案为由要求人民法院移送案件、裁定驳回起诉、中止诉讼、判决驳回诉讼请求、中止执行或者撤销判决、裁定，或者要求人民法院撤销仲裁裁决。

第二十三条 人民法院在办理民事案件过程中，认为该案件不属于民事纠纷而有经济犯罪嫌疑需要追究刑事责任，并将涉嫌经济犯罪的线索、材料移送公安机关的，接受案件的公安机关应当立即审查，并在十日以内决定是否立案。公安机关不立案的，应当及时告知人民法院。

第二十四条 人民法院在办理民事案件过程中，发现与民事纠纷虽然不是同一事实但是有关联的经济犯罪线索、材料，并将涉嫌经济犯罪的线索、材料移送公安机关的，接受案件的公安机关应当立即审查，并在十日以内决定是否立案。公安机关不立案的，应当及时告知人民法院。

第二十五条 在侦查过程中，公安机关发现具有下列情形之一的，应当及时撤销案件：

（一）对犯罪嫌疑人解除强制措施之日起十二个月以内，仍然不能移送审查起诉或者依法作其他处理的；

（二）对犯罪嫌疑人未采取强制措施，自立案之日起二年以内，仍然不能移送审查起诉或者依法作其他处理的；

（三）人民检察院通知撤销案件的；

（四）其他符合法律规定的撤销案件情形的。

有前款第一项、第二项情形，但是有证据证明有犯罪事实需要进一步侦查的，经省级以上公安机关负责人批准，可以不撤销案件，继续侦查。

撤销案件后，公安机关应当立即停止侦查活动，并解除相关的侦查措施和强制措施。

撤销案件后，又发现新的事实或者证据，依法需要追究刑事责任的，公安机关应当重新立案侦查。

第二十六条 公安机关接报案件后，报案人、控告人、举报人、被害人及其法定代理人、近亲属查询立案情况的，应当在三日以内告知立案情况并记录在案。对已经立案的，应当告知立案时间、涉嫌罪名、办案单位等情况。

第二十七条 对报案、控告、举报、移送的经济犯罪案件，公安机关作出不予立案决定、撤销案件决定或者逾期未作出是否立案决定有异议的，报案人、控告人、举报人可以申请人民检察院进行立案监督，移送案件的行政执法机关可以建议人民检察院进行立案监督。

人民检察院认为需要公安机关说明不予立案、撤销案件或者逾期未作出是否立案决定的理由的，应当要求公安机关在七日以内说明理由。公安机关应当书面说明理由，连同有关证据材料回复人民检察院。人民检察院认为不予立案或者撤销案件的理由不能成立的，应当通知公安机关立案。人民检察院要求公安机关说明逾期未作出是否立案决定的理由后，公安机关在七日以内既不说明理由又不作出是否立案的决定的，人民检察院应当发出纠正违法通知书予以纠正，经审查案件有关证据材料，认为符合立案条件的，应当通知公安机关立案。

第二十八条 犯罪嫌疑人及其法定代理人、近亲属或者辩护律师对公安机关立案提出异议的，公安机关应当及时受理、认真核查。

有证据证明公安机关可能存在违法介入经济纠纷，或者利用立案实施报复陷害、敲诈勒索以及谋取其他非法利益等违法立案情形的，人民检察院应当要求公安机关书面说明立案的理由。公安机关应当在七日以内书面说明立案的依据和理由，连同有关证据材料回复人民检察院。人民检察院认为立案理由不能成立的，应当通知公安机关撤销案件。

第二十九条 人民检察院发现公安机关在办理经济犯罪案件过程中适用另案处理存在违法或者不当的，可以向公安机关提出书面纠正意见或者检察建议。公安机关应当认真审查，并将结果及时反馈人民检察院。没有采纳的，应当说明理由。

第三十条 依照本规定，报经省级以上公安机关负责人批准立案侦查或者继续侦查的案件，撤销案件时应当经原审批的省级以上公安机关负责人批准。

人民检察院通知撤销案件的，应当立即撤销案件，并报告原审批的省级以上公安机关。

第四章 强制措施

第三十一条 公安机关决定采取强制措施时，应当考虑犯罪嫌疑人涉嫌犯罪情节的轻重程度、有无继续犯罪和逃避或者妨碍侦查的可能性，使所适用的强制措施同犯罪的严重程度、犯罪嫌疑人的社会危险性相适应，依法慎用羁押性强制措施。

采取取保候审、监视居住措施足以防止发生社会危险性的，不得适用羁押性强制措施。

第三十二条 公安机关应当依照法律规定的条件和程序适用取保候审措施。

采取保证金担保方式的，应当综合考虑保证诉讼活动正常进行的需要，犯罪嫌疑人的社会危险性的大小，案件的性质、情节、涉案金额，可能判处刑罚的轻重以及犯罪嫌疑人的经济状况等情况，确定适当的保证金数额。

在取保候审期间，不得中断对经济犯罪案件的侦查。执行取保候审超过三个月的，应当至少每个月讯问一次被取保候审人。

第三十三条 对于被决定采取强制措施并上网追逃的犯罪嫌疑人，经审查发现不构成犯罪或者依法不予追究刑事责任的，应当立即撤销强制措施决定，并按照有关规定，报请省级以上公安机关删除相关信息。

第三十四条 公安机关办理经济犯罪案件应当加强统一审核，依照法律规定的条件和程序逐案逐人审查采取强制措施的合法性和适当性，发现采取强制措施不当的，应当及时撤销或者变更。犯罪嫌疑人在押的，应当立即释放。公安机关释放被逮捕的犯罪嫌疑人或者变更逮捕措施的，应当及时通知作出批准逮捕决定的人民检察院。

犯罪嫌疑人被逮捕后，人民检察院经审查认为不需要继续羁押提出检察建议的，公安机关应当予以调查核实，认为不需要继续羁押的，应当予以释放或者变更强制措施；认为需要继续羁押的，应当说明理由，并在十日以内将处理情况通知人民检察院。

犯罪嫌疑人及其法定代理人、近亲属或者辩护人有权申请人民检察院进行羁押必要性审查。

第五章　侦查取证

第三十五条 公安机关办理经济犯罪案件，应当及时进行侦查，依法全面、客观、及时地收集、调取、固定、审查能够证实犯罪嫌疑人有罪或者无罪、罪重或者罪轻以及与涉案财物有关的各种证据，并防止犯罪嫌疑人逃匿、销毁证据或者转移、隐匿涉案财物。

严禁调取与经济犯罪案件无关的证据材料，不得以侦查犯罪为由滥用侦查措施为他人收集民事诉讼证据。

第三十六条 公安机关办理经济犯罪案件，应当遵守法定程序，遵循有关技术标准，全面、客观、及时地收集、提取电子数据；人民检察院应当围绕真实性、合法性、关联性审查判断电子数据。

依照规定程序通过网络在线提取的电子数据，可以作为证据使用。

第三十七条 公安机关办理经济犯罪案件，需要采取技术侦查措施的，应当严格依照有关法律、规章和规范性文件规定的范围和程序办理。

第三十八条 公安机关办理非法集资、传销以及利用通讯工具、互联网等技术手段实施的经济犯罪案件，确因客观条件的限制无法逐一收集被害人陈述、证人证言等相关证据的，可以结合已收集的言词证据和依法收集并查证属实的物证、书证、视听资料、电子数据等实物证据，综合认定涉案人员人数和涉案资金数额等犯罪事实，做到证据确实、充分。

第三十九条 公安机关办理生产、销售伪劣商品犯罪案件、走私犯罪案件、侵犯知识产权犯罪案件，对同一批次或者同一类型的涉案物品，确因实物数量较大，无法逐一勘验、鉴定、检测、评估的，可以委托或者商请有资格的鉴定机构、专业机构或者行政执法机关依照程序按照一定比例随机抽样勘验、鉴定、检测、评估，并由其制作取样记录和出具相关书面意见。有关抽样勘验、鉴定、检测、评估的结果可以作为该批次或者该类型全部涉案物品的勘验、鉴定、检测、评估结果，但是不符合法定程序，且不能补正或者作出合理解释，可能严重影响案件公正处理的除外。

法律、法规和规范性文件对鉴定机构或者抽样方法另有规定的，从其规定。

第四十条 公安机关办理经济犯罪案件应当与行政执法机关加强联系、密切配合，保证准确有效地执行法律。

公安机关应当根据案件事实、证据和法律规定依法认定案件性质，对案情复杂、疑难，涉及专业性、技术性问题的，可以参考有关行政执法机关的认定意见。

行政执法机关对经济犯罪案件中有关行为性质的认定，不是案件进入刑事诉讼程序的必经程序或者前置条件。法律、法规和规章另有规定的，从其规定。

第四十一条 公安机关办理重大、疑难、复杂的经济犯罪案件，可以听取人民检察院的意见，人民检察院认为确有必要时，可以派员适时介入侦查活动，对收集证据、适用法律提出意见，监督侦查活动是否合法。对人民检察院提出的意见，公安机关应当认真审查，并将结果及时反馈人民检察院。没有采纳的，应当说明理由。

第四十二条 公安机关办理跨区域性的重大经济犯罪案件，应当向人民检察院通报立案侦查情况，人民检察院可以根据通报情况调度办案力量，开展指导协调等工作。需要逮捕犯罪嫌疑人的，公安机关应当提前与人民检察院沟通。

第四十三条 人民检察院在审查逮捕、审查起诉中发现公安机关办案人员以非法方法收集犯罪嫌疑人供述、被害人陈述、证人证言等证据材料的，应当依法排除非法证据并提出纠正意见。需要重新调查取证的，经县级以上公安机关负责人批准，应当另行指派办案人员重新调查取证。必要时，人民检察院也可以自行收集犯罪嫌疑人供述、被害人陈述、证人证言等证据材料。

公安机关发现收集物证、书证不符合法定程序，可能严重影响司法公正的，应当要求办案人员予以补正或者作出合理解释；不能补正或者作出合理解释的，应当依法予以排除，不得作为提请批准逮捕、移送审查起诉的依据。

人民检察院发现收集物证、书证不符合法定程序，可能严重影响司法公正的，应当要求公安机关予以补正或者作出合理解释，不能补正或者作出合理解释的，应当依法予以排除，不得作为批准逮捕、提起公诉的依据。

第四十四条 对民事诉讼中的证据材料，公安机关在立案后应当依照刑事诉讼法以及相关司法解释的规定进行审查或者重新收集。未经查证核实的证据材料，不得作为刑事证据使用。

第四十五条 人民检察院已经作出不起诉决定的案件，公安机关不得针对同一法律事实的同一犯罪嫌疑人继续侦查或者补充侦查，但是有新的事实或者证据的，可以重新立案侦查。

第六章 涉案财物的控制和处置

第四十六条 查封、扣押、冻结以及处置涉案财物，应当依照法律规定的条件和程序进行。除法律法规和规范性文件另有规定以外，公安机关不得在诉讼程序终结之前处置涉案财物。严格区分违法所得、其他涉案财产与合法财产，严格区分企业法人财产与股东个人财产，严格区分犯罪嫌疑人个人财产与家庭成员财产，不得超权限、超范围、超数额、超时限查封、扣押、冻结，并注意保护利害关系人的合法权益。

对涉众型经济犯罪案件，需要追缴、返还涉案财物的，应当坚持统一资产处置原则。公安机关移送审查起诉时，应当将有关涉案财物及其清单随案移送人民检察院。人民检察院提起公诉时，应当将有关涉案财物及其清单一并移送受理案件的人民法院，并提出处理意见。

第四十七条 对依照有关规定可以分割的土地、房屋等涉案不动产，应当只对与案件有关的部分进行查封。

对不可分割的土地、房屋等涉案不动产或者车辆、船舶、航空器以及大型机器、设备等特定动产，可以查封、扣押、冻结犯罪嫌疑人提供的与涉案金额相当的其他财物。犯罪嫌疑人不能提供的，可以予以整体查封。

冻结涉案账户的款项数额，应当与涉案金额相当。

第四十八条 对自动投案时主动提交的涉案财物和权属证书等，公安机关可以先行接收，如实登记并出具接收财物凭证，根据立案和侦查情况决定是否查封、扣押、冻结。

第四十九条 已被依法查封、冻结的涉案财物，公安机关不得重复查封、冻结，但是可以轮候查封、冻结。

已被人民法院采取民事财产保全措施的涉案财物，依照前款规定办理。

第五十条 对不宜查封、扣押、冻结的经营性涉案财物，在保证侦查活动正常进行的同时，可以允许有关当事人继续合理使用，并采取必要的保值保管措施，以减少侦查办案对正常办公和合法生产经营的影响。必要时，可以申请当地政府指定有关部门或者委托有关机构代管。

第五十一条 对查封、扣押、冻结的涉案财物及其孳息，以及作为证据使用的实物，公安机关应当如实登记，妥善保管，随案移送，并与人民检察院及时交接，变更法律手续。

在查封、扣押、冻结涉案财物时，应当收集、固定与涉案财物来源、权属、性质等有关的证据材料并随案移送。对不宜移送或者依法不移送的实物，应当将其清单、照片或者其他证明文件随案移送。

第五十二条 涉嫌犯罪事实查证属实后，对有证据证明权属关系明确的被害人合法财产及其孳息，及时返还不损害其他被害人或者利害关系人的利益、不影响诉讼正常进行的，可以在登记、拍照或者录像、估价后，经县级以上公安机关负责人批准，开具发还清单，在诉讼程序终结之前返还被害人。办案人员应当在案卷中注明返还的理由，将原物照片、清单和被害人的领取手续存卷备查。

具有下列情形之一的，不得在诉讼程序终结之前返还：

（一）涉嫌犯罪事实尚未查清的；

（二）涉案财物及其孳息的权属关系不明确或者存在争议的；

（三）案件需要变更管辖的；

（四）可能损害其他被害人或者利害关系人利益的；

（五）可能影响诉讼程序正常进行的；

（六）其他不宜返还的。

第五十三条 有下列情形之一的，除依照有关法律法规和规范性文件另行处理的以外，应当立即解除对涉案财物的查封、扣押、冻结措施，并及时返还有关当事人：

（一）公安机关决定撤销案件或者对犯罪嫌疑人终止侦查的；

（二）人民检察院通知撤销案件或者作出不起诉决定的；

（三）人民法院作出生效判决、裁定应当返还的。

第五十四条 犯罪分子违法所得的一切财物及其孳息，应当予以追缴或者责令退赔。

发现犯罪嫌疑人将经济犯罪违法所得和其他涉案财物用于清偿债务、转让或者设定其他权利负担，具有下列情形之一的，应当依法查封、扣押、冻结：

（一）他人明知是经济犯罪违法所得和其他涉案财物而接受的；

（二）他人无偿或者以明显低于市场价格取得上述财物的；

（三）他人通过非法债务清偿或者违法犯罪活动取得上述财物的；

（四）他人通过其他恶意方式取得上述财物的。

他人明知是经济犯罪违法所得及其产生的收益，通过虚构债权债务关系、虚假交易等方式予以窝藏、转移、收购、代为销售或者以其他方法掩饰、隐瞒，构成犯罪的，应当依法追究刑事责任。

第五十五条 具有下列情形之一，依照刑法规定应当追缴其违法所得及其他涉案财物的，经县级以上公安机关负责人批准，公安机关应当出具没收违法所得意见书，连同相关证据材料一并移送同级人民检察院：

（一）重大的走私、金融诈骗、洗钱犯罪案件，犯罪嫌疑人逃匿，在通缉一年后不能到案的；

（二）犯罪嫌疑人死亡的；

（三）涉嫌重大走私、金融诈骗、洗钱犯罪的单位被撤销、注销，直接负责的主管人员和其他直接责任人员逃匿、死亡，导致案件无法适用普通刑事诉讼程序审理的。

犯罪嫌疑人死亡，现有证据证明其存在违法所得及其他涉案财物应当予以没收的，公安机关可以继续调查，并依法进行查封、扣押、冻结。

第七章　办案协作

第五十六条　公安机关办理经济犯罪案件，应当加强协作和配合，依法履行协查、协办等职责。

上级公安机关应当加强监督、协调和指导，及时解决跨区域性协作的争议事项。

第五十七条　办理经济犯罪案件需要异地公安机关协作的，委托地公安机关应当对案件的管辖、定性、证据认定以及所采取的侦查措施负责，办理有关的法律文书和手续，并对协作事项承担法律责任。但是协作地公安机关超权限、超范围采取相关措施的，应当承担相应的法律责任。

第五十八条　办理经济犯罪案件需要异地公安机关协作的，由委托地的县级以上公安机关制作办案协作函件和有关法律文书，通过协作地的县级以上公安机关联系有关协作事宜。协作地公安机关接到委托地公安机关请求协作的函件后，应当指定主管业务部门办理。

各省、自治区、直辖市公安机关根据本地实际情况，就需要外省、自治区、直辖市公安机关协助对犯罪嫌疑人采取强制措施或者查封、扣押、冻结涉案财物事项制定相关审批程序。

第五十九条　协作地公安机关应当对委托地公安机关出具的法律文书和手续予以审核，对法律文书和手续完备的，协作地公安机关应当及时无条件予以配合，不得收取任何形式的费用。

第六十条　委托地公安机关派员赴异地公安机关请求协助查询资料、调查取证等事项时，应当出具办案协作函件和有关法律文书。

委托地公安机关认为不需要派员赴异地的，可以将办案协作函件和有关法律文书寄送协作地公安机关，协作地公安机关协查不得超过十五日；案情重大、情况紧急的，协作地公安机关应当在七日以内回复；因特殊情况不能按时回复的，协作地公安机关应当及时向委托地公安机关说明情况。

必要时，委托地公安机关可以将办案协作函件和有关法律文书通过电传、网络等保密手段或者相关工作机制传至协作地公安机关，协作地公安机关应当及时协查。

第六十一条　委托地公安机关派员赴异地公安机关请求协助采取强制措施或者搜查，查封、扣押、冻结涉案财物等事项时，应当持办案协作函件、有关侦查措施或者强制措施的法律文书、工作证件及相关案件材料，与协作地县级以上公安机关联系，协作地公安机关应当派员协助执行。

第六十二条　对不及时采取措施，有可能导致犯罪嫌疑人逃匿，或者有可能转移涉案财物以及重要证据的，委托地公安机关可以商请紧急协作，将办案协作函件和有关法律文书通过电传、网络等保密手段传至协作地县级以上公安机关，协作地公安机关收到协作函件后，应当及时采取措施，落实协作事项。委托地公安机关应当立即派员携带法律文书前往协作地办理有关事宜。

第六十三条　协作地公安机关在协作过程中，发现委托地公安机关明显存在违反法律规定的行为时，应当及时向委托地公安机关提出并报上一级公安机关。跨省协作的，应当通过协作地的省级公安机关通报委托地的省级公安机关，协商处理。未能达成一致意见的，协作地的省级公安机关应当及时报告公安部。

第六十四条　立案地公安机关赴其他省、自治区、直辖市办案，应当按照有关规定呈报上级公安机关审查批准。

第八章　保障诉讼参与人合法权益

第六十五条　公安机关办理经济犯罪案件，应当尊重和保障人权，保障犯罪嫌疑人、被害人和其他诉讼参与人依法享有的辩护权和其他诉讼权利，在职责范围内依法保障律师的执业权利。

第六十六条　辩护律师向公安机关了解犯罪嫌疑人涉嫌的罪名以及现已查

明的该罪的主要事实，犯罪嫌疑人被采取、变更、解除强制措施，延长侦查羁押期限、移送审查起诉等案件有关情况的，公安机关应当依法将上述情况告知辩护律师，并记录在案。

第六十七条 辩护律师向公安机关提交与经济犯罪案件有关的申诉、控告等材料的，公安机关应当在执法办案场所予以接收，当面了解有关情况并记录在案。对辩护律师提供的材料，公安机关应当及时依法审查，并在三十日以内予以答复。

第六十八条 被害人、犯罪嫌疑人及其法定代理人、近亲属或者律师对案件管辖有异议，向立案侦查的公安机关提出申诉的，接受申诉的公安机关应当在接到申诉后的七日以内予以答复。

第六十九条 犯罪嫌疑人及其法定代理人、近亲属或者辩护人认为公安机关所采取的强制措施超过法定期限，有权向原批准或者决定的公安机关提出申诉，接受该项申诉的公安机关应当在接到申诉之日起三十日以内审查完毕并作出决定，将结果书面通知申诉人。对超过法定期限的强制措施，应当立即解除或者变更。

第七十条 辩护人、诉讼代理人认为公安机关阻碍其依法行使诉讼权利并向人民检察院申诉或者控告，人民检察院经审查情况属实后通知公安机关予以纠正的，公安机关应当立即纠正，并将监督执行情况书面答复人民检察院。

第七十一条 辩护人、诉讼代理人对公安机关侦查活动有异议的，可以向有关公安机关提出申诉、控告，或者提请人民检察院依法监督。

第九章 执法监督与责任追究

第七十二条 公安机关应当依据《中华人民共和国人民警察法》等有关法律法规和规范性文件的规定，加强对办理经济犯罪案件活动的执法监督和督察工作。

上级公安机关发现下级公安机关存在违反法律和有关规定行为的，应当责令其限期纠正。必要时，上级公安机关可以就其违法行为直接作出相关处理决定。

人民检察院发现公安机关办理经济犯罪案件中存在违法行为的，或者对有关当事人及其辩护律师、诉讼代理人、利害关系人的申诉、控告事项查证属实的，应当通知公安机关予以纠正。

第七十三条 具有下列情形之一的，公安机关应当责令依法纠正，或者直接作出撤销、变更或者纠正决定。对发生执法过错的，应当根据办案人员在办案中各自承担的职责，区分不同情况，分别追究案件审批人、审核人、办案人及其他直接责任人的责任。构成犯罪的，依法追究刑事责任。

（一）越权管辖或者推诿管辖的；

（二）违反规定立案、不予立案或者撤销案件的；

（三）违反规定对犯罪嫌疑人采取强制措施的；

（四）违反规定对财物采取查封、扣押、冻结措施的；

（五）违反规定处置涉案财物的；

（六）拒不履行办案协作职责，或者阻碍异地公安机关依法办案的；

（七）阻碍当事人、辩护人、诉讼代理人依法行使诉讼权利的；

（八）其他应当予以追究责任的。

对于导致国家赔偿的责任人员，应当依据《中华人民共和国国家赔偿法》的有关规定，追偿其部分或者全部赔偿费用。

第七十四条 公安机关在受理、立案、移送以及涉案财物处置等过程中，与人民检察院、人民法院以及仲裁机构发生争议的，应当协商解决。必要时，可以报告上级公安机关协调解决。上级公安机关应当加强监督，依法处理。

人民检察院发现公安机关存在执法不当行为的，可以向公安机关提出书面纠正意见或者检察建议。公安机关应当认真审查，并将结果及时反馈人民检察院。没有采纳的，应当说明理由。

第七十五条 公安机关办理经济犯罪案件应当加强执法安全防范工作，规范执法办案活动，执行执法办案规定，加强执法监督，对执法不当造成严重后果的，依据相关规定追究责任。

第十章 附 则

第七十六条 本规定所称的“经济犯罪案件”，主要是指公安机关经济犯罪侦查部门按照有关规定依法管辖的各种刑事案件，但以资助方式实施的帮助恐怖活动案件，不适用本规定。

公安机关其他办案部门依法管辖刑法分则第三章规定的破坏社会主义市场

经济秩序犯罪有关案件的，适用本规定。

第七十七条 本规定所称的“调查性侦查措施”，是指公安机关在办理经济犯罪案件过程中，依照法律规定进行的专门调查工作和有关侦查措施，但是不包括限制犯罪嫌疑人人身、财产权利的强制性措施。

第七十八条 本规定所称的“涉众型经济犯罪案件”，是指基于同一法律事实、利益受损人数众多、可能影响社会秩序稳定的经济犯罪案件，包括但不限于非法吸收公众存款，集资诈骗，组织、领导传销活动，擅自设立金融机构，擅自发行股票、公司企业债券等犯罪。

第七十九条 本规定所称的“跨区域性”，是指涉及两个以上县级行政区域。

第八十条 本规定自2018年1月1日起施行。2005年12月31日发布的《公安机关办理经济犯罪案件的若干规定》（公通字〔2005〕101号）同时废止。本规定发布以前最高人民检察院、公安部制定的关于办理经济犯罪案件的规范性文件与本规定不一致的，适用本规定。

[部门规章、规章性文件与解读]

基层法律服务工作者管理办法

(2000年3月30日司法部令第60号公布　根据2017年12月25日
司法部令第138号修订　2017年12月25日公布
自2018年2月1日起施行)

第一章　总　则

第一条　为加强对基层法律服务工作者的监督和管理，保障基层法律服务工作者依法执业，根据有关法律法规，制定本办法。

第二条　符合本办法规定的执业条件，经司法行政机关核准取得《基层法律服务工作者执业证》，在基层法律服务所执业，为社会提供法律服务的人员，是基层法律服务工作者。

第三条　基层法律服务工作者的职责是按照司法部规定的业务范围和执业要求，开展法律服务，维护当事人合法权益，维护法律正确实施，促进社会稳定、经济发展和法治建设。

基层法律服务工作者依法执业受法律保护，任何组织和个人不得侵害其合法权益。

第四条　基层法律服务工作者应当把拥护中国共产党领导、拥护社会主义法治作为从业的基本要求。

第五条　司法行政机关依据本办法对基层法律服务工作者进行管理和指导。

第二章　执业条件

第六条　申请基层法律服务工作者执业，应当具备下列条件：

（一）拥护中华人民共和国宪法；

（二）高等学校法律专业本科毕业，参加省、自治区、直辖市司法行政机关组织的考试合格；

（三）品行良好；

（四）身体健康；

（五）在基层法律服务所实习满一年，但具有二年以上其他法律职业经历的除外。

各省、自治区、直辖市的自治县（旗），国务院审批确定的国家扶贫开发工作重点县，西部地区省、自治区、直辖市所辖县，可以将前款第二项规定的学历专业条件放宽为高等学校法律专业专科毕业，或者非法律专业本科毕业并具有法律专业知识。

第七条　具有法律职业资格或者曾经取得基层法律服务工作者执业资格的人员，符合本办法第六条第一款第一、三、四、五项规定的，也可以申请基层法律服务工作者执业核准。

第八条　有下列情形之一的人员，不得参加本办法第六条第一款第二项规定的考试或者申请执业核准：

（一）因故意犯罪受到刑事处罚的；

（二）被开除公职的；

（三）无民事行为能力或者限制民事行为能力的。

第三章　执业核准

第九条　设区的市级或者直辖市的区（县）司法行政机关负责基层法律服务工作者执业核准，颁发《基层法律服务工作者执业证》。

第十条　申请基层法律服务工作者执业核准的，应当填写申请执业登记表，并提交下列材料：

（一）符合本办法第六条规定的学历证书和考试合格证明，或者第七条规定的资格证书；

（二）基层法律服务所对申请人实习表现的鉴定意见，或者具有二年以上其他法律职业经历的证明；

（三）基层法律服务所出具的同意接收申请人的证明；

（四）申请人的身份证明。

第十一条 申请执业核准材料，由拟聘用申请人的基层法律服务所提交所在地县级司法行政机关审查，由其出具审查意见后报设区的市级司法行政机关审核，或者由拟聘用申请人的基层法律服务所报所在地直辖市的区（县）司法行政机关审核。

第十二条 执业核准机关应当自决定受理申请之日起二十日内完成审核，作出准予执业核准或者不准予执业核准的书面决定。不准予执业核准的，应当在决定中说明理由。

对准予执业核准的申请人，由执业核准机关颁发《基层法律服务工作者执业证》。

申请人对不准予执业核准决定有异议的，可以依照《中华人民共和国行政复议法》和司法部有关规定申请行政复议。

第十三条 对有下列情形之一的申请执业核准的人员，司法行政机关应当作出不准予执业核准的决定：

（一）具有本办法第八条规定情形之一的；

（二）曾因严重违法违纪违规行为被基层法律服务所解除聘用合同或者劳动合同的；

（三）曾被吊销律师执业证书或者受到停止执业处罚期限未满的；

（四）具有法律职业资格或者律师资格、公证员资格并已在律师事务所或者公证机构执业的。

第十四条 符合本办法第六条或者第七条规定的条件，在教育科研部门工作、民营企业工作或者务农的人员，经基层法律服务所聘用，可以兼职从事基层法律服务工作，但在教育科研部门工作的人员按照有关规定不得兼职的除外。申请兼职基层法律服务者执业核准，按照本办法规定的条件和程序办理。

基层法律服务所聘用兼职基层法律服务工作者的人数，不得超过专职基层法律服务工作者的人数。

第十五条 基层法律服务工作者变更执业机构的，持与原执业的基层法律服务所解除聘用关系、劳动关系的证明和拟变更的基层法律服务所同意接收的证明，按照本办法规定的程序，申请更换《基层法律服务工作者执业证》。

有下列情形之一的，基层法律服务工作者不得变更执业机构：

（一）本人承办的业务或者工作交接手续尚未办结；

（二）本人与所在基层法律服务所尚存在债权债务关系；

（三）本人有正在接受调查处理的违反执业纪律的行为。

第十六条 基层法律服务工作者有下列情形之一的，由执业核准机关注销并收回《基层法律服务工作者执业证》：

（一）因严重违法违纪违规行为被基层法律服务所解除聘用合同或者劳动合同的；

（二）因与基层法律服务所解除聘用合同、劳动合同或者所在的基层法律服务所被注销，在六个月内未被其他基层法律服务所聘用的；

（三）因本人申请注销的；

（四）因其他原因停止执业的。

第十七条 基层法律服务工作者应当妥善保管《基层法律服务工作者执业证》，不得伪造、涂改、抵押、出借、出租。

《基层法律服务工作者执业证》遗失或者损坏无法使用的，持证人应当立即向所在地县级司法行政机关或者直辖市的区（县）司法行政机关申请办理补发或更换手续。

第四章 人员管理

第十八条 基层法律服务所应当依法与在本所执业的基层法律服务工作者签订聘用合同或者劳动合同。

第十九条 基层法律服务所应当为基层法律服务工作者执业提供必要的工作条件，维护其在执业活动和本所管理工作中应享有的合法权利，保障其应享有的劳动报酬、保险和福利待遇。

第二十条 基层法律服务所应当建立对基层法律服务工作者执业实绩和遵守职业道德、执业纪律情况的年度考核制度。

年度考核结果分为优秀、称职、基本称职、不称职四个等次。年度考核结果应当作为对基层法律服务工作者奖惩的依据。

第二十一条 基层法律服务所对年度考核被评为优秀或者在平时执业中有突出事迹或者显著贡献的基层法律服务工作者，应当给予奖励。

对事迹特别突出的，可以报请有关司法行政机关给予表彰。

第二十二条 基层法律服务所对违反职业道德和执业纪律，违反司法行政机关管理规定和本所章程、制度或者有其他违法行为的基层法律服务工作者，可以按照有关规定予以处分或者处理。

第二十三条 基层法律服务工作者有下列情形之一的，基层法律服务所可以按照有关规定解除聘用合同或者劳动合同：

（一）在年度考核中连续两年被评为不称职的；

（二）严重违反本所规章制度，经多次教育仍不改正的；

（三）无正当理由连续停止执业满三个月的；

（四）因患病或者非因公负伤，在规定的医疗期满后不能从事基层法律服务工作的。

基层法律服务所按照前款规定与基层法律服务工作者解除聘用合同或者劳动合同的，应当报所在地县级司法行政机关备案，并按照规定程序办理注销手续。

第二十四条 基层法律服务所和基层法律服务工作者对履行聘用合同发生争议的，可以提请所在地的县级司法行政机关或者直辖市的区（县）司法行政机关进行调解处理。

第五章 执业权利和义务

第二十五条 基层法律服务工作者应当遵守宪法和法律，恪守职业道德和执业纪律，做到依法执业、诚信执业、规范执业。

基层法律服务工作者执业应当以事实为依据，以法律为准绳。

基层法律服务工作者应当接受国家、社会和当事人的监督。

第二十六条 基层法律服务工作者可以从事下列业务：

（一）担任法律顾问；

（二）代理参加民事、行政诉讼活动；

（三）代理非诉讼法律事务；

（四）接受委托，参加调解、仲裁活动；

（五）解答法律咨询；

（六）代写法律事务文书。

第二十七条 基层法律服务工作者办理本办法第二十六条第二项规定的业务，应当符合下列条件之一：

（一）至少有一方当事人的住所位于其执业的基层法律服务所所在的县级行政区划辖区或者直辖市的区（县）行政区划辖区内。

（二）案件由其执业的基层法律服务所所在的县级行政区划辖区或者直辖市的区（县）行政区划辖区内的基层人民法院审理；该案进入二审、审判监督程序的，可以继续接受原当事人的委托，担任诉讼代理人。

省、自治区、直辖市司法行政机关根据本地实际，认为确有必要的，可以适当调整前款第一项规定的条件。

第二十八条 基层法律服务工作者持基层法律服务所出具的介绍信、当事人的委托书和《基层法律服务工作者执业证》，经有关单位或者个人同意，可以依法向其调查、收集与承办法律事务有关的证据材料；依法查阅所代理案件有关材料。

第二十九条 基层法律服务工作者对坚持非法要求、故意隐瞒重大事实、提供虚假证据或者严重违反委托合同约定义务的当事人，可以拒绝为其代理或者解除委托关系。

第三十条 基层法律服务工作者在执业中发现本地区政府机关、基层群众性自治组织、企业事业单位、社会组织在执行法律、法规和规章方面存在问题的，可以向其提出法律服务建议。

第三十一条 基层法律服务工作者在执业期间，有权获得执业所需的工作条件，参加政治学习和业务培训，参与本所民主管理，获得劳动报酬和享受保险、福利待遇。

第三十二条 基层法律服务工作者对违反本办法第三十一条规定，或者侵犯其执业权利的行为，可以请求司法行政机关、基层法律服务行业协会依法予以保障其合法权益。

第三十三条 基层法律服务工作者应当遵守基层法律服务所统一收案、统一委派、统一收费的相关规定。

第三十四条 基层法律服务工作者应当按照有关规定履行法律援助义务。

第三十五条 基层法律服务工作者在执业过程中应当遵守司法、仲裁和行政执法活动的有关制度，尊重司法机关、仲裁委员会和行政执法机关及其工作人员依法行使职权。

曾担任法官的基层法律服务工作者，不得担任原任职法院办理案件的诉讼代理人。

第三十六条 基层法律服务工作者应当尊重同行，同业互助，公平竞争，共同提高执业水平。

第三十七条 基层法律服务工作者应当保守在执业活动中知悉的国家秘密、商业秘密和个人隐私。

第三十八条 基层法律服务工作者应当爱岗敬业、坚持原则、诚实守信、举止文明、廉洁自律，自觉维护执业声誉和社会形象。

第三十九条 基层法律服务工作者应当勤奋学习，加强职业修养，积极参加司法行政机关组织的业务培训，不断提高专业水平和服务技能。

第六章 检查监督

第四十条 设区的市级或者直辖市的区（县）司法行政机关应当对基层法律服务工作者进行年度考核。

对基层法律服务工作者进行年度考核的具体办法，由省、自治区、直辖市司法行政机关依据本办法和有关规定确定。

第四十一条 基层法律服务工作者参加年度考核，应当提交下列材料：

（一）上年度执业情况和遵守职业道德、执业纪律情况的个人总结；

（二）基层法律服务所出具的执业表现年度考核意见；

（三）《基层法律服务工作者执业证》。

第四十二条 基层法律服务工作者年度考核材料，由基层法律服务所报经所在地县级司法行政机关审查后报设区的市级司法行政机关审核，或者由基层法律服务所报所在地直辖市的区（县）司法行政机关审核。

第四十三条 设区的市级或者直辖市的区（县）司法行政机关在年度考核中，对有本办法第四十六条所列行为、尚未处理的基层法律服务工作者，按照本办法第四十六条至第四十八条的规定进行处理。

第四十四条 县级司法行政机关或者直辖市的区（县）司法行政机关对基层法律服务工作者的日常执业活动和遵守职业道德、执业纪律的情况进行指导和监督，可以按照有关规定对基层法律服务工作者的执业情况进行检查，要求有关人员报告工作、说明情况、提交有关材料。司法所可以根据县级司法行政机关或者直辖市的区（县）司法行政机关要求，承担对基层法律服务工作者进行指导监督的具体工作。

第四十五条 司法行政机关对有突出事迹或者显著贡献的基层法律服务工作者，按照有关规定给予表彰奖励。

第四十六条 基层法律服务工作者有下列行为之一的，由所在地县级司法行政机关或者直辖市的区（县）司法行政机关予以警告；有违法所得的，依照法律、法规的规定没收违法所得，并由设区的市级或者直辖市的区（县）司法行政机关处以违法所得三倍以下的罚款，罚款数额最高为三万元：

（一）超越业务范围和诉讼代理执业区域的；

（二）以贬损他人、抬高自己、虚假承诺或者支付介绍费等不正当手段争揽业务的；

（三）曾担任法官的基层法律服务工作者，担任原任职法院办理案件的诉讼代理人的；

（四）冒用律师名义执业的；

（五）同时在基层法律服务所和律师事务所或者公证机构执业，或者同时在两个以上基层法律服务所执业的；

（六）无正当理由拒绝履行法律援助义务的；

（七）明知委托人的要求是非法的、欺诈性的，仍为其提供帮助的；

（八）在代理活动中超越代理权限或者滥用代理权，侵犯被代理人合法利益的；

（九）在同一诉讼、仲裁、行政裁决中，为双方当事人或者有利害关系的第三人代理的；

（十）不遵守与当事人订立的委托合同，拒绝或者疏怠履行法律服务义务，损害委托人合法权益的；

（十一）在调解、代理、法律顾问等执业活动中压制、侮辱、报复当事人，造成恶劣影响的；

（十二）不按规定接受年度考核，或者在年度考核中弄虚作假的；

（十三）泄露在执业活动中知悉的商业秘密或者个人隐私的；

（十四）以影响案件审判、仲裁或者行政裁定结果为目的，违反规定会见有关司法、仲裁或者行政执法人员，或者向其请客送礼的；

（十五）私自接受委托承办法律事务，或者私自收取费用，或者向委托人索要额外报酬的；

（十六）在代理活动中收受对方当事人、利害关系人财物或者与其恶意串通，损害委托人合法权益的；

（十七）违反司法、仲裁、行政执法工作有关制度规定，干扰或者阻碍司法、仲裁、行政执法工作正常进行的；

（十八）泄露在执业活动中知悉的国家秘密的；

（十九）伪造、隐匿、毁灭证据或者故意协助委托人伪造、隐匿、毁灭证据的；

（二十）向有关司法人员、仲裁员或者行政执法人员行贿、介绍贿赂，或者指使、诱导委托人向其行贿的；

（二十一）法律、法规、规章规定应予处罚的其他行为。

司法行政机关对基层法律服务工作者实施上述行政处罚的同时，应当责令其改正。

第四十七条　司法行政机关对基层法律服务工作者实施行政处罚，应当依照《中华人民共和国行政处罚法》和司法部有关规定进行。

第四十八条　基层法律服务工作者对行政处罚不服的，可以依照《中华人民共和国行政复议法》和司法部有关规定申请行政复议。

第四十九条　基层法律服务工作者有下列情形之一的，基层法律服务所可以按照有关规定解除聘用合同或者劳动合同：

（一）有本办法第四十六条第一款第十三至第十七项规定行为，情节严重的；

（二）有本办法第四十六条第一款第十八、十九、二十项规定行为之一的；

（三）因故意犯罪受到刑事处罚的。

第五十条　司法行政机关应当建立对基层法律服务工作者执业的投诉监督制度，设立投诉电话、投诉信箱，受理当事人和其他公民对基层法律服务工作者违法违纪行为的投诉，将调查处理结果告知投诉人。

第五十一条　上级司法行政机关认为下级司法行政机关在执业核准、年度考核和行政处罚工作中有错误或者不当的，应当及时责令其纠正。

司法行政机关不履行管理职责或者干涉基层法律服务工作者执业、侵犯其合法权益的，应当追究主管人员和直接责任人员的行政责任。

第七章　附　则

第五十二条　省、自治区、直辖市司法行政机关应当从解决乡镇和欠发达地区律师资源不足问题、满足基层人民群众的法律服务需求出发，制定本地区基层法律服务队伍发展方案。

第五十三条　《基层法律服务工作者执业证》由司法部统一制作。

第五十四条　本办法由司法部负责解释。

第五十五条　本办法自2018年2月1日起施行。司法部此前制定的有关基层法律服务工作者管理的规章、规范性文件与本办法相抵触的，以本办法为准。

基层法律服务所管理办法

（2000年3月30日司法部令第59号公布　根据2017年12月25日司法部令第137号修订　2017年12月25日公布自2018年2月1日起施行）

第一章　总　则

第一条　为加强对基层法律服务所的监督和管理，保障基层法律服务所依法执业，根据有关法律法规，结合基层法律服务工作实际和发展需要，制定本办法。

第二条　基层法律服务所是在乡镇和街道设立的法律服务组织，是基层法律服务工作者的执业机构。

第三条 基层法律服务所按照司法部规定的业务范围和执业要求，面向基层的政府机关、基层群众性自治组织、企业事业单位、社会组织和承包经营户、个体工商户、合伙组织以及公民提供法律服务，维护当事人合法权益，维护法律正确实施，促进社会稳定、经济发展和法治建设。

第四条 基层法律服务所依法执业受法律保护，任何组织和个人不得侵害其合法权益。

第五条 基层法律服务所应当把拥护中国共产党领导、拥护社会主义法治作为从业的基本要求。

第六条 司法行政机关依据本办法对基层法律服务所进行管理和指导。

第二章 执业管理

第七条 基层法律服务所应当有规范的名称和章程；有三名以上符合司法部规定条件、能够专职执业的基层法律服务工作者；有住所和必要的资产。

事业体制基层法律服务所除应当符合第一款规定外，还应当持有事业单位登记管理机关颁发的《事业单位法人证书》。

普通合伙制基层法律服务所除应当符合第一款规定外，还应当至少有两名具有三年以上执业经历、能够专职执业的基层法律服务工作者作为合伙人，并有经全体合伙人协商一致并签名的合伙协议。

基层法律服务所的人员、财务、职能应当与司法所分离。

第八条 基层法律服务所只能使用一个名称。名称应当由以下三部分内容依次排列组成：县级行政区划名称，乡镇、街道行政区划名称或者字号，法律服务所。

第九条 基层法律服务所章程应当载明下列事项：

（一）名称、住所；

（二）本所法定代表人或者负责人的职责；

（三）执业工作制度；

（四）基层法律服务工作者及辅助工作人员的聘用、管理办法；

（五）财务管理制度、分配制度；

（六）其他内部管理制度；

（七）停办、解散及清算办法；

（八）章程修改的程序；

（九）其他需要载明的事项。

第十条 基层法律服务所变更名称、法定代表人或者负责人、合伙人、住所和修改章程的，应当由所在地县级司法行政机关审查同意后报设区的市级司法行政机关批准，或者由直辖市的区（县）司法行政机关批准。

第十一条 基层法律服务所有下列情形之一的，应当终止：

（一）不符合本办法第七条规定的基层法律服务所应当具备的条件，经限期整改仍不符合相关规定的；

（二）停办或者决定解散的；

（三）法律、行政法规规定应当终止的其他情形。

基层法律服务所无正当理由停止业务活动满一年的，视为自行停办、解散，应当终止。

第十二条 基层法律服务所在终止事由发生后，应当向社会公告，按照有关规定进行清算，并不得受理新的业务。

基层法律服务所应当在清算结束后十五日内，经所在地县级司法行政机关审查后报设区的市级司法行政机关办理注销手续，或者由直辖市的区（县）司法行政机关办理注销手续。基层法律服务所拒不履行公告、清算义务的，可以由县级司法行政机关向社会公告后报设区的市级司法行政机关办理注销手续，或者由直辖市的区（县）司法行政机关向社会公告后办理注销手续。

第十三条 《基层法律服务所执业证》分正本和副本。正本应当悬挂于执业场所，副本用于接受查验。正本和副本具有同等的法律效力。执业证不得伪造、涂改、抵押、出租、出借。

第十四条 设区的市级或者直辖市的区（县）司法行政机关应当按年度将本地区基层法律服务所变更、注销的情况报省、自治区、直辖市司法行政机关备案。

第三章　工作制度

第十五条 基层法律服务所应当依据本办法建立健全各项管理制度，完善工作运行机制。

第十六条 基层法律服务所设主任一名，根据需要可以设副主任。基层法律服务所主任，除应当取得基层法律服务工作者执业证外，还应当有三年以上从事基层法律服务工作或者基层司法行政工作的经历。

第十七条 基层法律服务所主任，应当经基层法律服务所民主推选或者按照有关规定产生。

第十八条 基层法律服务所主任为该所的法定代表人或者负责人，负责管理本所行政事务和组织开展业务工作，负责向所在地县级司法行政机关或者直辖市的区（县）司法行政机关报告工作。

第十九条 基层法律服务所应当建立基层法律服务工作者会议制度，民主管理本所重大事务，行使下列职权：

（一）制定本所发展规划和年度工作计划；

（二）制定本所管理规章制度；

（三）审议本所年度工作总结报告；

（四）审议本所年度预决算报告和重大财务开支项目；

（五）决定对本所基层法律服务工作者和辅助工作人员的奖惩；

（六）审议其他重要事项。

第二十条 基层法律服务所应当依法与在本所执业的基层法律服务工作者签订聘用合同或者劳动合同。

第二十一条 基层法律服务所应当建立健全执业管理、业务培训、投诉查处、人员奖惩等内部管理制度，对基层法律服务工作者加强职业道德和执业纪律教育，加强业务知识和技能的培训，加强执业活动的检查、监督。

第二十二条 基层法律服务所对违反职业道德、执业纪律，司法行政机关管理规定和本所章程、制度或者有其他违法行为的基层法律服务工作者，可以依据有关规定予以处分或者处理。

第二十三条 基层法律服务所根据工作需要，可以按照有关规定聘用文秘、财务、行政等辅助工作人员，依法签订聘用合同或者劳动合同。

辅助工作人员的聘用、变更情况，应当报所在地县级司法行政机关或者直辖市的区（县）司法行政机关备案。

第二十四条 基层法律服务所组织基层法律服务工作者开展业务活动，应当遵守下列要求：

（一）严格执行司法部关于基层法律服务业务范围、工作原则和服务程序的规定，建立统一收案、统一委派、疑难法律事务集体讨论、重要案件报告等制度；

（二）建立对基层法律服务工作者遵守职业道德、执业纪律和服务质量、效率的检查、监督、考评制度；

（三）接受国家、社会和委托人的监督；

（四）由基层法律服务所按照有关规定统一收取服务费，公开收费项目和收费标准，严格遵守基层法律服务收费管理制度；

（五）对符合规定条　件的当事人提供法律援助；

（六）建立健全基层法律服务业务档案管理制度。

第二十五条　基层法律服务所应当按照规定建立健全财务管理制度，建立和实行合理的分配制度以及激励机制。

第二十六条　基层法律服务所应当根据本所收支情况和实际需要，留存用于事业发展、社会保障和奖励等事项的费用。

第二十七条　基层法律服务所应当按照国家和地方有关社会保障的政策和规定，为基层法律服务工作者和辅助工作人员办理社会保险。

第二十八条　基层法律服务所应当积极创造条件，加强办公用房、办公设施、办公装备的建设，不断改善执业条件，提高服务质量，提升工作效率。

第四章　检查监督

第二十九条　设区的市级或者直辖市的区（县）司法行政机关应当每年对基层法律服务所进行年度考核。

对基层法律服务所进行年度考核的具体办法，由省、自治区、直辖市司法行政机关依据本办法和有关规定制定。

第三十条　基层法律服务所接受年度考核，应当提交下列材料：

（一）上年度本所工作总结报告和本年度工作计划；

（二）上年度本所财务报表；

（三）《基层法律服务所执业证》副本；

（四）司法行政机关要求提交的其他材料。

第三十一条　基层法律服务所的年度考核材料，经所在地县级司法行政机关审查后报送设区的市级司法行政机关审核，或者由直辖市的区（县）司法行政机关审核。

第三十二条 设区的市级或者直辖市的区（县）司法行政机关在年度考核中，对有本办法第三十六条 所列行为、尚未处理的基层法律服务所，按照本办法第三十六条至第三十九条的规定进行处理。

在年度考核中，不符合本办法规定条件的基层法律服务所，应当在所在地县级司法行政机关或者直辖市的区（县）司法行政机关监督下，限期整改。期满后仍不符合本办法相关规定的，应当办理注销手续。

第三十三条 省、自治区、直辖市司法行政机关应当建立基层法律服务所和基层法律服务工作者信息管理系统，按照有关规定向社会公开基层法律服务所、基层法律服务工作者基本信息和年度考核结果、奖惩情况，并将基层法律服务所、基层法律服务工作者信用记录纳入本省、自治区、直辖市信用信息共享平台。

第三十四条 县级司法行政机关或者直辖市的区（县）司法行政机关对基层法律服务所的日常执业活动和内部管理工作进行指导和监督，可以按照有关规定对基层法律服务所进行检查，要求基层法律服务所报告工作、说明情况、提交有关材料。司法所可以根据县级司法行政机关或者直辖市的区（县）司法行政机关要求，承担对基层法律服务所进行指导监督的具体工作。

第三十五条 司法行政机关对工作成绩显著、队伍建设良好、管理制度完善的基层法律服务所，按照有关规定给予表彰奖励。

第三十六条 基层法律服务所有下列行为之一的，由所在地县级司法行政机关或者直辖市的区（县）司法行政机关予以警告；有违法所得的，依照法律、法规的规定没收违法所得，并由设区的市级或者直辖市的区（县）司法行政机关处以违法所得三倍以下的罚款，罚款数额最高为三万元：

（一）超越业务范围和诉讼代理执业区域的；

（二）违反规定不以基层法律服务所名义统一接受委托、统一收取服务费，不向委托人出具有效收费凭证的；

（三）冒用律师事务所名义执业的；

（四）以贬损他人、抬高自己、虚假承诺或者支付介绍费等不正当手段争揽业务的；

（五）伪造、涂改、抵押、出租、出借本所执业证的；

（六）违反规定变更本所名称、法定代表人或者负责人、合伙人、住所和章程的；

（七）不按规定接受年度考核，或者在年度考核中弄虚作假的；

（八）违反财务管理规定，私分、挪用或者以其他方式非法处置本所资产的；

（九）聘用未获准基层法律服务工作者执业的人员以基层法律服务工作者名义承办业务的；

（十）放纵、包庇本所基层法律服务工作者的违法违纪行为的；

（十一）内部管理混乱，无法正常开展业务的；

（十二）法律、法规、规章规定应予处罚的其他行为。

第三十七条 司法行政机关对基层法律服务所实施行政处罚，应当依照《中华人民共和国行政处罚法》和司法部有关规定进行。

第三十八条 基层法律服务所对行政处罚不服的，可以依照《中华人民共和国行政复议法》和司法部有关规定申请行政复议。

第三十九条 司法行政机关对基层法律服务所实施行政处罚的，应当按照有关规定追究其法定代表人或者负责人的责任。

第四十条 司法行政机关对基层法律服务所实施行政处罚的同时，应当责令其限期整改。期满后仍不能改正，不宜继续执业的，由设区的市级或者直辖市的区（县）司法行政机关予以注销。

第四十一条 司法行政机关应当建立对基层法律服务所的投诉监督制度，设立投诉电话、投诉信箱，受理公民、法人和其他非法人组织对基层法律服务所及其从业人员的投诉。

涉及委托人与基层法律服务所发生争议的投诉，由基层法律服务所所在地县级司法行政机关或者直辖市的区（县）司法行政机关予以调解处理；涉及基层法律服务所及其从业人员违法违纪的投诉，司法行政机关应当立案调查处理，并将查处结果告知投诉人。

第四十二条 上级司法行政机关认为下级司法行政机关在年度考核和行政处罚工作中有错误或者不当的，应当及时责令其改正。

司法行政机关及其工作人员不履行管理职责或者侵犯基层法律服务所合法权益的，应当追究主管人员和直接责任人员的行政责任。

第五章 附 则

第四十三条 《基层法律服务所执业证》由司法部统一制作。

第四十四条 本办法由司法部负责解释。

第四十五条 本办法自2018年2月1日起施行。司法部此前制定的有关基层法律服务所管理的规章、规范性文件与本办法相抵触的，以本办法为准。

司法部相关负责人就修订后的《基层法律服务所管理办法》《基层法律服务工作者管理办法》答记者问

近日，司法部公布了修订后的《基层法律服务所管理办法》（司法部令第137号）和《基层法律服务工作者管理办法》（司法部令第138号）。司法部相关负责人就两个办法修订和贯彻落实有关问题，回答了记者提问。

问：请介绍一下两个办法修订的背景和意义。

答：基层法律服务是一项具有中国特色的法律服务制度。20世纪80年代初期，为弥补律师资源的不足，满足当时农村经济体制改革和沿海对外开放产生的大量法律服务需求，基层法律服务在东南沿海部分乡镇产生，并逐步发展到内地和城市。多年来，广大基层法律服务工作者坚持立足基层、扎根基层，发挥近民便民利民优势，为服务基层经济社会发展、维护人民群众合法权益、维护社会和谐稳定作出了重要贡献。

原《基层法律服务所管理办法》（司法部令第59号）和《基层法律服务工作者管理办法》（司法部令第60号）是司法部于2000年3月发布施行的，对于健全基层法律服务管理制度，指导监督基层法律服务所和基层法律服务工作者依法诚信规范执业发挥了重要作用。随着形势发展，原两个办法有些规定已经不符合基层法律服务工作发展实际，也与新时代人民群众对基层法律服务的新期待、新要求不相适应，有必要作出修改。

为贯彻落实中央部署，司法部对原两个办法进行了修订。修订工作深入贯彻党的十九大精神，以习近平新时代中国特色社会主义思想为指引，将满足新时代人民群众对美好生活更丰富、更高水平的向往作为出发点和落脚点，明确了基层法律服务所组织形式，完善了基层法律服务工作者执业核准制度，加强了基层法律服务执业监管，对于新时代坚持基层法律服务工作正确发展方向，提升基层法律服务队伍素质和服务质量，满足人民群众对公共法律服务的需求，增强人民群众在民主、法治、公平、正义、安全、环境等方面的获得感、幸福感和安全感具有重要意义。

问：修订后的《基层法律服务所管理办法》对基层法律服务所设立和组织形式作出了哪些调整？

答：根据《国务院关于第三批取消和调整行政审批项目的决定》（国发［2004］16号），基层法律服务所设立核准的行政许可事项被取消。据此，修订后的《基层法律服务所管理办法》删除了基层法律服务所设立的相关规定。

关于基层法律服务所组织形式，原《基层法律服务所管理办法》规定，基层法律服务所按照事业法人体制进行管理和运作。2000年，根据国务院《关于经济鉴证类社会中介机构与政府部门实行脱钩改制的意见》（国办发［2000］51号），司法部印发了《基层法律服务机构脱钩改制实施意见》（司发通［2000］134号），要求符合自收自支等条件的基层法律服务所脱钩改制为合伙所，尚未实现自收自支的基层法律服务所仍可按照事业法人体制进行管理运作。因此，修订后的《基层法律服务所管理办法》规定了事业体制和普通合伙制两种组织形式，并对这两种组织形式的基层法律服务所应当具备的条件作出了明确规定。

问：修订后的《基层法律服务工作者管理办法》从哪些方面完善了基层法律服务工作者执业核准制度？

答：修订后的《基层法律服务工作者管理办法》主要从三个方面完善了基层法律服务工作者执业核准制度。

一是完善了执业核准条件。修订后的《基层法律服务工作者管理办法》规定，符合下列条件之一的人员可以申请基层法律服务工作者执业：一是具有法律职业资格；二是曾经取得过基层法律服务工作者执业资格；三是高等学校法律专业本科毕业，参加省级司法行政机关组织的考试合格，对参加考试人员的学历要求比原《基层法律服务工作者管理办法》规定的“具有高中或者中等专业以上的学历”有了较大提高。这主要是考虑到，民事诉讼法、行政诉讼法明确赋予基层法律服务工作者诉讼代理人地位，有必要提高基层法律服务工作者执业准入门槛，提升基层法律服务工作者队伍素质。同时，考虑到西部地区适用“高等学校法律专业本科毕业”的学历专业条件存在困难，修订后的《基层法律服务工作者管理办法》规定，各省、自治区、直辖市的自治县（旗），国务院审批确定的国家扶贫开发工作重点县，西部地区省、自治区、直辖市所辖县，可以将上述学历专业条件放宽为高等学校法律专业专科毕业，或者非法律专业本科毕业并具有法律专业知识。

二是完善了执业核准程序。根据《国务院关于第六批取消和调整行政审批项目的决定》（国发［2012］52号）规定，修订后的《基层法律服务工作者管理办法》将基层法律服务工作者执业核准的实施机关由省级或其授权的下一级人民政府司法行政部门调整为设区的市级人民政府司法行政部门。

三是对各地制定基层法律服务队伍发展方案作出了明确规定。基层法律服务的定位和功能主要是对律师服务进行补充。当前，随着全面依法治国、建设社会主义法治国家不断推进，我国律师队伍发展迅速，基层法律服务的补充功能出现新的变化。在设区的市的市辖区，律师资源比较充足，可以不再发展基层法律服务工作者队伍，而在广大农村地区，特别是经济欠发达地区的农村，律师资源相对匮乏，基层法律服务仍将在一定时期发挥不可替代的补充作用，特别是在推进公共法律服务体系建设中，基层法律服务工作者队伍仍然是一支重要的工作力量。为此，修订后的《基层法律服务工作者管理办法》规定，省级司法行政机关应当从解决乡镇等经济欠发达地区律师资源不足问题，满足基层人民群众法律服务需求出发，制定本地区基层法律服务队伍发展方案。今后，各地要根据本地区基层法律服务队伍发展方案，实施基层法律服务工作者执业核准，推动基层法律服务资源合理布局。

问：修订后的《基层法律服务工作者管理办法》对基层法律服务工作者诉讼代理执业区域规定作出了哪些调整？

答：基层法律服务工作者在准入条件上与律师有明显区别，基层法律服务工作者无需通过国家司法考试就可以担任民事、行政诉讼代理人和提供非诉讼法律服务，因此有必要对基层法律服务工作者诉讼代理执业区域作出有别于律师的规定。修订后的《基层法律服务工作者管理办法》规定，基层法律服务工作者代理民事、行政诉讼案件应当符合下列条件之一：一是至少有一方当事人的住所位于其执业的基层法律服务所所在的县级行政区划辖区或者直辖市的区（县）行政区划辖区内。二是案件由其执业的基层法律服务所所在的县级行政区划辖区或者直辖市的区（县）行政区划辖区内的基层人民法院审理，案件进入二审、审判监督程序的，可以继续接受原当事人委托，担任诉讼代理人。这主要是因为，实践中交通肇事、外来务工人员人身损害赔偿之类的案件，双方当事人住所可能均不在基层法律服务所所在的县、区，但案件可能由该县、区的基层人民法院审理，如果允许基层法律服务工作者代理此类案件，会方便当事人就近获得基层法律服务。

修订后的《基层法律服务工作者管理办法》还规定，省级司法行政机关根据本地实际，认为确有必要的，可以对基层法律服务工作者诉讼代理执业区域作出适当调整。这主要是考虑到各地经济社会发展和法律服务资源分布不平衡，授权省级司法行政机关根据本地实际对诉讼代理执业区域作适当调整，有利于各地从实际出发，更好地满足当地群众的基层法律服务需求。同时，随着城镇化进程的不断推进，近年来一些地方行政区划调整频繁，有的市辖区范围很小，允许对诉讼代理执业区域作适当调整，有利于这些地方基层法律服务工作发展。可以说，修订后的《基层法律服务工作者管理办法》关于基层法律服务工作者诉讼代理执业区域的规定，既坚持了基层法律服务工作定位，又体现了灵活性，为各地作出适当调整提供了政策空间。

问：两个办法从哪些方面加强了基层法律服务执业监管？

答：两个办法主要从三个方面强化了基层法律服务执业监管。一是加强基层法律服务所内部管理。要求基层法律服务所健全完善人员、业务、财务等内部管理制度，进一步强化基层法律服务所的基础管理作用。二是建立年度考核制度。两个办法规定，司法行政机关应当每年对基层法律服务所和基层法律服务工作者进行考核，年度考核结果按照有关规定向社会公开。三是加大违法违规查处力度。进一步明确列举基层法律服务所和基层法律服务工作者的违法行为，建立健全基层法律服务投诉查处工作机制，切实做到有投诉必受理、有案必查、违法必究。今后，对基层法律服务所和基层法律服务工作者的行政处罚决定，要在司法部官网上公开，省级司法行政机关要将基层法律服务所和基层法律服务工作者信用记录纳入本省（区、市）信用信息共享平台。

问：司法部对学习贯彻两个办法有什么考虑？

答：学习贯彻两个办法是当前和今后一个时期基层法律服务工作的重要任务，各级司法行政机关要结合深入学习贯彻党的十九大精神和习近平新时代中国特色社会主义思想，切实把两个办法学习好、贯彻好、落实好。一是组织好学习培训。司法部将就学习贯彻两个办法组织培训，各地也要结合实际开展形式多样的学习培训，确保广大基层法律服务管理干部准确把握两个办法修订的精神实质和主要内容，切实履行好基层法律服务管理职责。要做好两个办法的解读工作，引导广大基层法律服务工作者正确认识基层法律服务工作定位和发展方向，树立和坚持正确执业理念，依法诚信规范执业，不断提高服务质量和水平。二是省级司法行政机关要根据当地实际，抓紧制定本地区基层法律服务队伍发展方案、执业核准考试实施办法和年度考核具体办法，为贯彻落实两个办法相关规定提供更加明确的遵循，确保两个办法规定落到实处。三是各级司法行政机关要充分发挥基层法律服务工作者在公共法律服务体系建设中的职能作用，推动基层法律服务工作者积极办理法律援助案件，担任村（居）法律顾问，参与信访、人民调解工作，努力满足人民群众日益增长的公共法律服务需求。

［地方司法业务文件］

山东省高级人民法院

关于印发《常见犯罪量刑指导意见（二）实施细则（试行）》的通知

2017 年 11 月 2 日　　鲁高法〔2017〕111 号

青岛市中级人民法院、淄博市中级人民法院、济南市市中区人民法院、德州市德城区人民法院：

《山东省高级人民法院〈关于常见犯罪的量刑指导意见（二）〉实施细则（试行）》已经山东省高级人民法院审判委员会第 35 次会议讨论通过，现印发给你们，请结合工作实际认真做好试行试点工作，注重总结经验、创新方法、完善机制、查找不足，为全省全面推进量刑规范化罪名扩大试点工作作出有益探索。执行过程中遇到的重大疑难问题请及时层报省法院刑事审判第四庭。

附：

山东省高级人民法院
《关于常见犯罪的量刑指导意见（二）》
实施细则（试行）

（2017年9月11日山东省高级人民法院审判委员会
第35次会议讨论通过）

为深入推进量刑规范化改革，进一步扩大量刑规范化范围，根据刑法、刑事司法解释、最高人民法院《关于常见犯罪的量刑指导意见（二）（试行）》等规定，结合刑事审判实践，制定本细则。

一、危险驾驶罪

1. 醉酒驾驶机动车，血液酒精含量达到80毫克/100毫升的，在一个月至二个月拘役幅度内确定量刑起点。

在量刑起点的基础上，根据血液酒精含量、机动车类型、车辆行驶环境、行车速度、是否造成实际损害等其他影响犯罪构成的犯罪事实增加刑罚量，确定基准刑：（1）血液酒精每增加80毫克/100毫升，增加一个月刑期。（2）发生道路交通事故，负事故主要、全部责任或者逃逸的，尚未构成其他犯罪的，增加一个月刑期。在此基础上，发生交通事故造成轻伤、轻微伤或者五万元以上不满十万元经济损失的，增加一个月刑期；造成重伤及以上后果或者十万元以上经济损失的，增加二个月刑期。（3）醉酒驾驶机动车具有下列情形之一的，增加一个月至二个月刑期：①在高速公路、城市快速路上驾驶的；②驾驶载有乘客的营运机动车的；③有严重超员、超载或者超速驾驶，无驾驶资格驾驶机动车，使用伪造或者变造的机动车牌证等严重违反道路交通安全法的行为的；④逃避公安机关依法检查，或者拒绝、阻碍公安机关依法检查尚未构成其他犯罪的；⑤曾因酒后驾驶机动车受过行政处罚或者刑事追究的；⑥在诉讼期间拒不到案或者逃跑的。（4）其他增加刑罚量，确定基准刑的情形。

2. 从事校车业务或者旅客运输，有下列严重超过额定乘员载客情形之一的，量刑起点为一个月拘役：①驾驶大型载客汽车，载客超过额定乘员50%

以上或者超过额定乘员15人以上的。在此基础上，载客超过额定乘员比例每增加15%或者超过额定乘员4人以上，增加一个月刑期。②驾驶中型载客汽车，载客超过额定乘员80%以上或者超过额定乘员10人以上的。在此基础上，载客超过额定乘员比例每增加20%或者超过额定乘员3人以上，增加一个月刑期。③驾驶小型、微型载客汽车，载客超过额定乘员100%以上或者超过额定乘员7人以上的。在此基础上，载客超过额定乘员比例每增加30%或者超过额定乘员2人以上，增加一个月刑期。

从事校车业务或者旅客运输，有下列严重超过规定时速行驶情形之一的，量刑起点为一个月拘役：①在高速公路、城市快速路上行驶，超过规定时速50%且行驶速度达到90公里/小时的。在此基础上，超过规定时速比例每增加20%且行驶速度达到110公里/小时，增加一个月刑期。②在高速公路、城市快速路以外的道路上行驶，超过规定时速100%且行驶速度达到60公里/小时的。在此基础上，超过规定时速比例每增加30%且行驶速度达到80公里/小时，增加一个月刑期。③通过铁路道口或者设有窄路、窄桥、急弯路、调头、转弯、下陡坡、傍山险路、连续下坡、连续弯路、注意路面结冰等标志的道路，或者遇雾、雨、雪、沙尘、冰雹等能见度在50米以内的不利气象条件时，超过规定时速50%且行驶速度达到30公里/小时的。在此基础上，超过规定时速比例每增加20%且行驶速度达到60公里/小时，增加一个月刑期。

3. 在道路上驾驶机动车，追逐竞驶，情节恶劣的，在一个月至二个月拘役幅度内确定量刑起点。在此基础上，根据行车速度、车辆行驶环境、参与竞速车辆多少、造成实际损害大小等其他影响犯罪构成的犯罪事实增加刑罚量，确定基准刑。

4. 违反运输危险化学品安全管理规定运输危险化学品，危及公共安全的，在一个月至二个月拘役幅度内确定量刑起点。在此基础上，根据违规严重程度、造成实际损害大小等其他影响犯罪构成的犯罪事实增加刑罚量，确定基准刑。

5. 醉酒驾驶机动车，具有以下情节的从严掌握缓刑的适用：①造成他人轻伤及以上后果，负事故主要、全部责任或者逃逸的；②在高速公路上醉酒驾驶的；③醉酒驾驶校车、大型客车、危险品运输车的；④在被查处过程中有逃跑、抗拒检查、让人顶替等行为的；⑤在诉讼中，拒不到案或者逃跑的；⑥曾因酒后驾驶机动车受过行政处罚或刑事追究的；⑦血液酒精含量达到200毫克

/100 毫升以上的；⑧其他从严适用缓刑的情形。

二、非法吸收公众存款罪

1. 法定刑在三年以下有期徒刑、拘役幅度的量刑起点和基准刑。

具有下列情形之一的，在六个月拘役至一年有期徒刑幅度内确定量刑起点：

（1）个人非法吸收或者变相吸收公众存款数额在 20 万以上的，单位非法吸收或者变相吸收公众存款数额在 100 万元以上的；

（2）个人非法吸收或者变相吸收公众存款 30 人以上的，单位非法吸收或者变相吸收公众存款 150 人以上的；

（3）个人非法吸收或者变相吸收公众存款，给存款人造成直接经济损失数额在 10 万元以上的，单位非法吸收或者变相吸收公众存款，给存款人造成直接经济损失数额在 50 万元以上的；

（4）造成恶劣社会影响或者其他严重后果的。

在量刑起点的基础上，根据非法吸收或者变相吸收公众存款的数额、给存款人造成的直接经济损失数额等其他影响犯罪构成的犯罪事实增加刑罚量，确定基准刑。有下列情形之一的，增加相应的刑罚量：

（1）个人非法吸收或者变相吸收公众存款，犯罪数额每增加 3 万元，增加一个月刑期；单位非法吸收或者变相吸收公众存款，犯罪数额每增加 15 万元，对直接负责的主管人员和其他直接责任人员增加一个月刑期。个人非法吸收或者变相吸收公众存款每增加 3 人，单位非法吸收或者变相吸收公众存款每增加 12 人，增加一个月刑期。

（2）个人非法吸收或者变相吸收公众存款，给存款人造成直接经济损失的数额每增加 1.5 万元，增加一个月刑期；单位非法吸收或者变相吸收公众存款，给存款人造成直接经济损失的数额每增加 7 万元，对直接负责的主管人员和其他直接责任人员增加一个月刑期。

犯罪数额、存款人数量和直接经济损失数额不得同时用以增加刑罚量，二者数额均明确的，以确定刑罚量更重的标准计算。

2. 法定刑在三年以上十年以下有期徒刑幅度的量刑起点和基准刑。

具有下列情形之一的，在三年至四年有期徒刑幅度内确定量刑起点：

（1）个人非法吸收或者变相吸收公众存款数额在 100 万元以上的，单位非法吸收或者变相吸收公众存款数额在500万元以上的；

（2）个人非法吸收或者变相吸收公众存款对象100人以上的，单位非法吸收或者变相吸收公众存款对象500人以上的；

（3）个人非法吸收或者变相吸收公众存款，给存款人造成直接经济损失数额在50万元以上的，单位非法吸收或者变相吸收公众存款，给存款人造成直接经济损失数额在250万元以上的；

（4）造成特别恶劣社会影响或者其他特别严重后果的。

在量刑起点的基础上，根据非法吸收或者变相吸收公众存款的数额、给存款人造成的直接经济损失数额等其他影响犯罪构成的犯罪事实增加刑罚量，确定基准刑。有下列情形之一的，增加相应的刑罚量：

（1）个人非法吸收或者变相吸收公众存款，犯罪数额超过100万元不满3000万元的，每增加60万元，增加一个月刑期；超过3000万元的，超过部分每增加500万元，增加一个月至两个月刑期。

（2）单位非法吸收或者变相吸收公众存款，犯罪数额超过500万元不满1.5亿元的，每增加300万元，对直接负责的主管人员和其他直接责任人员增加一个月刑期；超过1.5亿元的，超过部分每增加2500万元，对直接负责的主管人员和其他直接责任人员增加一个月至两个月刑期。

（3）个人非法吸收或者变相吸收公众存款，给存款人造成直接经济损失的数额每增加30万元，增加一个月刑期。

（4）单位非法吸收或者变相吸收公众存款，给存款人造成直接经济损失的数额每增加150万元，对直接负责的主管人员和其他直接责任人员增加一个月刑期。

案件的犯罪数额和直接经济损失数额不得同时用以增加刑罚量，二者数额均明确的，以确定刑罚量更重的标准计算。

3. 非法吸收或者变相吸收公众存款，人数超过量刑起点规定人数的50%或造成集资参与人自杀、精神失常等严重后果的，可以增加基准刑的20%以下。

4. 非法吸收或者变相吸收公众存款，根据案发前后已归还的数额，可以减少基准刑的40%以下。

5. 非法吸收或者变相吸收公众存款，主要用于正常的生产经营活动，能够及时清退所吸收资金，可以免予刑事处罚；情节显著轻微的，不作为犯罪处理。

6. 为他人向社会公众非法吸收资金提供帮助，从中收取代理费、好处费、返点费、佣金、提成等费用，构成共同犯罪，能够及时退缴上述费用的，可以依法从轻处罚，其中情节轻微的，可以免除处罚；情节显著轻微危害不大的，不作为犯罪处理。

三、集资诈骗罪

1. 法定刑在五年以下有期徒刑、拘役幅度的量刑起点和基准刑。

个人进行集资诈骗，犯罪数额达到 10 万元的，在六个月拘役至一年有期徒刑幅度内确定量刑起点。

单位进行集资诈骗，犯罪数额达到 50 万元的，对直接负责的主管人员和其他直接责任人员，在六个月拘役至一年有期徒刑幅度内确定量刑起点。

在量刑起点的基础上，个人犯罪数额每增加 4 千元，增加一个月刑期；单位犯罪数额每增加 2 万元，对直接负责的主管人员和其他直接责任人员增加一个月刑期。

2. 法定刑在五年以上十年以下有期徒刑幅度的量刑起点和基准刑。

个人进行集资诈骗，犯罪数额达到 30 万元的，在五年至六年有期徒刑幅度内确定量刑起点。

个人集资诈骗数额达到 24 万元不满 30 万元，并有下列情形之一的，可以认定为“其他严重情节”，在五年至六年有期徒刑幅度内确定量刑起点：①假冒国家机关或者公益性组织实施集资诈骗的；②造成被害人自杀、精神失常或者其他严重后果的；③被害人主要为残疾人、老年人或者丧失劳动能力人的。

单位进行集资诈骗，犯罪数额达到 150 万元的，对直接负责的主管人员和其他直接责任人员，在五年至六年有期徒刑幅度内确定量刑起点。

单位集资诈骗数额达到 120 万元不满 150 万元，并有本条第 2 款规定情形之一的，可以认定为“其他严重情节”，在五年至六年有期徒刑幅度内确定量刑起点。

在量刑起点的基础上，个人集资诈骗数额每增加 1.5 万元，增加一个月刑期；单位集资诈骗数额每增加 7 万元，对直接负责的主管人员和其他直接责任人员增加一个月刑期。

3. 法定刑在十年以上有期徒刑幅度的量刑起点和基准刑。

个人进行集资诈骗，犯罪数额达到100万元的，在十年至十一年有期徒刑幅度内确定量刑起点。

个人集资诈骗数额达到80万元不满100万元，并有本罪第2条第2款规定情形之一的，可以认定为“其他特别严重情节”，在十年至十一年有期徒刑幅度内确定量刑起点。

单位进行集资诈骗，犯罪数额达到500万元的，对直接负责的主管人员和其他直接责任人员，可以在十年至十一年有期徒刑幅度内确定量刑起点。

单位集资诈骗数额达到400万元不满500万元，并有本罪第2条第2款规定情形之一的，可以认定为“其他特别严重情节”，在十年至十一年有期徒刑幅度内确定量刑起点。

在量刑起点的基础上，个人集资诈骗数额达到100万元不满800万元的，每增加20万元，增加一个月刑期；超过800万元的，超过部分每增加50万元，增加一个月刑期。单位集资诈骗数额达到500万元不满4000万元的，每增加100万元，对直接负责的主管人员和其他直接责任人员增加一个月刑期；超过4000万元的，超过部分每增加250万元，对直接负责的主管人员和其他直接责任人员增加一个月刑期。

4. 有下列情形之一的，可以增加基准刑的20%以下，但同时具有两种以上情形的，累计不超过基准刑的100%（已在确定基准刑时评价的除外）：

（1）个人集资诈骗100人以上的，或者单位集资诈骗200人以上的；

（2）系组织领导犯罪集团首要分子的；

（3）假冒国家机关或者公益性组织实施集资诈骗的；

（4）为实施违法犯罪活动而进行集资诈骗或者将赃款用于非法活动的；

（5）被害人主要或者有相当数量为残疾人、老年人或者丧失劳动能力人的；

（6）造成被害人自杀、精神失常或者其他严重后果的；

（7）其他可以从重处罚的情形。

5. 有下列情形之一的，可以从宽处罚：

（1）案发后涉案赃款、赃物被司法机关扣押，被害人损失绝大部分被挽回的，可以减少基准刑的20%以下。

（2）积极退赃退赔，避免或者减少损失结果发生的，可以减少基准刑的40%以下。

（3）其他可以从轻处罚的情形。

四、信用卡诈骗罪

1. 法定刑在五年以下有期徒刑、拘役幅度的量刑起点和基准刑。

使用伪造的信用卡、使用以虚假的身份证明骗领的信用卡、使用作废的信用卡或者冒用他人信用卡，进行信用卡诈骗活动，犯罪数额达到5千元的，在三个月拘役至六个月有期徒刑幅度内确定量刑起点。犯罪数额每增加1千元，增加一个月刑期。

恶意透支，犯罪数额达到1万元的，在三个月拘役至六个月有期徒刑幅度内确定量刑起点。犯罪数额每增加2千元，增加一个月刑期。

2. 法定刑在五年以上十年以下有期徒刑幅度的量刑起点和基准刑。

使用伪造的信用卡、使用以虚假的身份证明骗领的信用卡、使用作废的信用卡或者冒用他人信用卡，进行信用卡诈骗活动，犯罪数额达到5万元的，在五年至六年有期徒刑幅度内确定量刑起点。犯罪数额每增加1万元，增加一个月刑期。

恶意透支，犯罪数额达到10万元的，在五年至六年有期徒刑幅度内确定量刑起点。犯罪数额每增加2万元，增加一个月刑期。

3. 法定刑在十年以上有期徒刑幅度的量刑起点和基准刑。

使用伪造的信用卡、使用以虚假的身份证明骗领的信用卡、使用作废的信用卡或者冒用他人信用卡，进行信用卡诈骗活动，犯罪数额达到50万元的，在十年至十一年有期徒刑幅度内确定量刑起点。犯罪数额每增加5万元，增加一个月刑期。

恶意透支，犯罪数额达到100万元的，在十年至十一年有期徒刑幅度内确定量刑起点。犯罪数额每增加10万元，增加一个月刑期。

4. 有下列情形之一的，可以增加基准刑的20%以下：

（1）系组织、领导犯罪集团首要分子的；

（2）使用诈骗的财物进行吸毒、赌博等违法犯罪活动的；

（3）其他可以从重处罚的情形。

5. 有下列情形之一的，可以从宽处罚：

（1）使用信用卡恶意透支，在公安机关立案后、人民法院宣判前已偿还全部透支款息的，可以减少基准刑的40%以下。

（2）确因学习、治病急用等原因而实施信用卡诈骗的，可以减少基准刑的20%以下。

（3）其他可以从轻处罚的情形。

五、合同诈骗罪

1. 法定刑在三年以下有期徒刑、拘役幅度的量刑起点和基准刑。

个人进行合同诈骗，犯罪数额达到2万元的，在三个月拘役至六个月有期徒刑幅度内确定量刑起点。

单位进行合同诈骗，犯罪数额达到10万元的，对直接负责的主管人员和其他直接责任人员在三个月拘役至六个月有期徒刑幅度内确定量刑起点。

在量刑起点的基础上，个人犯罪数额每增加5千元，增加一个月刑期；单位犯罪数额每增加2.5万元，对直接负责的主管人员和其他直接责任人员增加一个月刑期。

2. 法定刑在三年以上十年以下有期徒刑幅度的量刑起点和基准刑。

个人进行合同诈骗，犯罪数额达到20万元的，在三年至四年有期徒刑幅度内确定量刑起点。

个人进行合同诈骗，犯罪数额达到16万元不满20万元，并有下列情形之一的，可以认定为“其他严重情节”，在三年至四年有期徒刑幅度内确定量刑起点：①诈骗救灾、抢险、防汛、扶贫、医疗款物等；②假冒国家机关或者公益性组织实施诈骗的；③诈骗残疾人、老年人或者丧失劳动能力人的财物的；④造成被害人自杀、精神失常或者其他严重后果的。

单位进行合同诈骗，犯罪数额达到100万元的，对直接负责的主管人员和其他直接责任人，在三年至四年有期徒刑幅度内确定量刑起点。

单位进行合同诈骗，犯罪数额达到80万元不满100万元，并且具有本罪第2条第2款规定情形之一的，可以认定为“其他严重情节”，在三年至四年有期徒刑幅度内确定量刑起点。

在量刑起点的基础上，个人犯罪数额每增加7千元，增加一个月刑期；单位犯罪数额每增加4万元，对直接负责的主管人员和其他直接责任人员增加一个月刑期。

3. 法定刑在十年以上有期徒刑幅度的量刑起点和基准刑。

个人进行合同诈骗，犯罪数额达到80万元的，在十年至十一年有期徒刑幅度内确定量刑起点。

个人进行合同诈骗数额达到64万元不满80万元，并且具有本罪第2条第2款规定情形之一的，可以认定为“其他特别严重情节”，在十年至十一年有期徒刑幅度内确定量刑起点。

单位进行合同诈骗，犯罪数额达到400万元的，对直接负责的主管人员和其他直接责任人员，在十年至十一年有期徒刑幅度内确定量刑起点。

单位进行合同诈骗数额达到320万元不满400万元，并且具有本罪第2条第2款规定情形之一的，可以认定为“其他特别严重情节”，在十年至十一年有期徒刑幅度内确定量刑起点。

在量刑起点的基础上，根据合同诈骗数额等其他影响犯罪构成的犯罪事实增加刑罚量，确定基准刑，有下列情形之一的，增加相应的刑罚量：

（1）个人犯罪数额已满80万元，每增加20万元，增加一个月刑期。

（2）单位犯罪数额已满400万元，每增加100万元，对直接负责的主管人员和其他直接责任人员增加一个月刑期。

4. 有下列情形之一的，可以增加基准刑的20%以下，但同时具有两种以上情形的，累计不超过基准刑的100%（已在确定基准刑时评价的除外）：

（1）多次实施合同诈骗的；

（2）有经济能力而拒绝退赃、退赔的；

（3）诈骗救灾、抢险、防汛、扶贫、医疗款物等的；

（4）诈骗残疾人、老年人或者丧失劳动能力人的财物的；

（5）为实施违法犯罪活动而进行合同诈骗或者将赃款用于非法活动的；

（6）造成被害人自杀、精神失常或者其他严重后果的；

（7）其他可以从重处罚的情形。

5. 有下列情形之一的，可以从宽处罚：

（1）积极退赃退赔的，可以减少基准刑的40%以下；

（2）未参与分赃或分赃较少的，可以减少基准刑的20%以下；

（3）其他可以从轻处罚的情形。

六、非法持有毒品罪

1. 构成非法持有毒品罪的，根据下列不同情形在相应的幅度内确定量刑起点和基准刑：

（1）非法持有鸦片200克、海洛因或者甲基苯丙胺10克或者其他毒品数量较大的，在三个月拘役至一年有期徒刑幅度内确定量刑起点。在量刑起点的基础上，鸦片每增加20克、海洛因或者甲基苯丙胺每增加1克，增加一个月刑期。

（2）非法持有鸦片200克、海洛因或者甲基苯丙胺10克或者其他毒品数量较大的，并具有下列情形之一的，应当认定为《刑法》第三百四十八条规定的“情节严重”，在二年至四年有期徒刑幅度内确定量刑起点：①在戒毒场所、监管场所非法持有毒品的；②利用、教唆未成年人非法持有毒品的；③国家工作人员非法持有毒品；④其他情节严重的行为。在量刑起点的基础上，鸦片每增加20克、海洛因或者甲基苯丙胺每增加1克，增加一个月刑期。

（3）非法持有鸦片1000克、海洛因或者甲基苯丙胺50克或者其他毒品数量大的，在七年至八年有期徒刑幅度内确定量刑起点。在量刑起点的基础上，鸦片每增加260克、海洛因或者甲基苯丙胺每增加13克，增加一个月刑期。

（4）非法持有鸦片10千克、海洛因或者甲基苯丙胺500克或者其他毒品数量大的，在十年至十一年有期徒刑幅度内确定量刑起点。在量刑起点的基础上，鸦片每增加200克、海洛因或者甲基苯丙胺每增加10克，增加一个月刑期。依法应当判处无期徒刑刑罚的适用《山东省高级人民法院关于部分毒品犯罪案件刑罚适用的指导意见》相关规定。

2. 非法持有两种以上毒品的，应当将不同种类的毒品分别折算为海洛因的数量，以折算后的毒品总量作为量刑的依据。

3. 具有下列情形之一的，可以增加基准刑的10%－30%，同时具有两种以上情形的，累计不超过基准刑的100%（已在确定基准刑时评价的除外）：

（1）在戒毒场所、监管场所非法持有毒品的；

（2）利用、教唆未成年人非法持有毒品的；

（3）国家工作人员非法持有毒品的；

（4）系毒品再犯的（已评价为累犯的除外）；

（5）其他可以从重处罚的情形。

4. 毒品含量明显低于同类毒品正常纯度的，可以减少基准刑30%以下。

七、容留他人吸毒罪

1. 容留他人吸食、注射毒品，具有下列情形之一的，在一个月拘役至六个月有期徒刑幅度内确定量刑起点，依法应当判处管制的除外：

（1）一次容留三人吸毒的（含注射毒品，下同）；

（2）二年内三次容留他人吸毒的；

（3）二年内曾因容留他人吸毒受过 1 次行政处罚的；

（4）容留未成年人吸毒 1 人次的；

（5）以牟利为目的容留他人吸毒 1 人次的；

（6）容留他人吸食、注射毒品造成严重后果的；

（7）其他应当追究刑事责任的情形。

同时符合上述两种以上情形的，以其中量刑较重的情形确定量刑起点，其他每增加一种情形，增加二个月至四个月刑期。

2. 在量刑起点的基础上，根据容留他人吸毒的人数、次数等其他影响犯罪构成的犯罪事实增加刑罚量，确定基准刑：

（1）容留他人吸毒每增加 1 人次，增加二个月刑期。

（2）容留未成年人吸毒每增加 1 人次，增加三个月刑期。

（3）因容留他人吸毒受过 2 次以上的行政处罚，增加二个月至三个月刑期。

（4）以牟利为目的容留他人吸毒 2 次以上的，每次增加三个月刑期。

（5）其他可以增加刑罚量的犯罪事实。

3. 具有下列情形之一，可以增加基准刑的 30% 以下（已在确定基准刑时评价的除外）：

（1）国家工作人员容留吸毒的；

（2）利用所经营的旅馆、酒店、KTV 等经营性场所容留他人吸毒的；

（3）其他可以从重处罚的情形。

4. 容留近亲属吸食、注射毒品，情节显著轻微危害不大的，不作为犯罪处理；需要追究刑事责任的，可以减少基准刑的 40% 以下。

八、引诱、容留、介绍卖淫罪

1. 构成引诱、容留、介绍卖淫罪，具有下列情节之一的，在拘役六个月至一年有期徒刑幅度内确定量刑起点：

（1）引诱卖淫 1 人或容留、介绍卖淫 2 人的（不含引诱 14 周岁以下幼女卖淫的，下同）；

（2）引诱、容留、介绍未成年人、孕妇、智障人员、患有严重性病的人卖淫1人的；

（3）一年内曾因引诱、容留、介绍卖淫行为被行政处罚，又实施容留、介绍卖淫行为的；

（4）非法获利人民币1万元以上的；

（5）其他引诱、容留、介绍卖淫应予追究刑事责任的情形。

2. 构成引诱、容留、介绍卖淫罪，具有下列情节之一的，在五年至六年有期徒刑幅度内确定量刑起点：

（1）引诱卖淫5人或引诱、容留、介绍卖淫10人的；

（2）引诱未成年人、孕妇、智障人员、患有严重性病的人卖淫3人或者引诱、容留、介绍该类人员卖淫5人的；

（3）非法获利人民币5万元以上的；

（4）其他情节严重情形。

3. 在量刑起点的基础上，根据引诱、容留、介绍他人卖淫的人数、非法获利数额等其他犯罪事实增加刑罚量，确定基准刑：

（1）引诱卖淫每增加1人，增加四个月至六个月刑期。

（2）容留、介绍卖淫每增加1人，增加一个月至三个月刑期。

（3）引诱未成年人、孕妇、智障人员、患有严重性病的人卖淫每增加1人，增加七个月至九个月刑期。

（4）容留、介绍未成年人、孕妇、智障人员、患有严重性病的人卖淫每增加1人，增加四个月至六个月刑期。

（5）引诱、容留、介绍卖淫非法获利不满人民币5万元的，每增加5千元，增加三个月至六个月刑期；达到人民币5万元的，每增加1万元，增加一个月至二个月刑期，累计增刑期一般不超过五年。

（6）其他可以增加刑罚量的情形。

4. 具有下列情形之一的，可以从重处罚，但同时具有两种以上情形的，累计增加不超过基准刑的100%：

（1）引诱、容留、介绍同一人员多次卖淫的，根据同一人员卖淫的次数、具有同一人员多次卖淫行为的人数等情节，可以增加基准刑的10%—30%以下。

（2）从事旅馆业、饮食服务业、文化娱乐业、出租汽车业等单位的人员，利用本单位的条件，引诱、容留、介绍他人卖淫的，可以增加基准刑的10%以下。

（3）利用信息网络发布招嫖信息，不构成其他犯罪的，可以增加基准刑的20%以下。

（4）引诱、介绍、容留境内人员到境外卖淫的或者境外人员到境内卖淫的，可以增加基准刑的30%以下。

（5）其他可以从重处罚情节。

九、附则

1. 本实施细则供我省开展扩大量刑规范化范围试点工作的法院试行。

2. 本实施细则仅规范上列八种犯罪判处拘役、有期徒刑的案件。本实施细则未规定的量刑指导原则、量刑基本方法及常见量刑情节依照最高人民法院《关于常见犯罪的量刑指导意见》及山东省高级人民法院《〈关于常见犯罪的量刑指导意见〉实施细则》的规定执行。

3. 本实施细则将随法律、司法解释、刑事司法政策及最高人民法院的规定适时作出调整。调整前，新颁布的法律、司法解释与本实施细则不一致的，适用新的法律、司法解释。

4. 本实施细则由山东省高级人民法院负责解释。

江苏省高级人民法院
《关于常见犯罪的量刑指导意见》实施细则

（2017年8月7日）

为进一步规范刑罚裁量权，实现量刑均衡公正，提升刑事司法公信力，2017年8月7日，江苏省高级人民法院印发了《江苏省高级人民法院〈关于常见犯罪的量刑指导意见〉实施细则》，现公布如下：

一、量刑的指导原则

1. 量刑应当以事实为根据，以法律为准绳，根据犯罪的事实、性质、情节和对于社会的危害程度，决定判处的刑罚。

2. 量刑既要考虑被告人所犯罪行的轻重，又要考虑被告人应负刑事责任的大小，做到罪责刑相适应，实现惩罚和预防犯罪的目的。

3. 量刑应当贯彻宽严相济的刑事政策，做到该宽则宽，当严则严，宽严相济，罚当其罪，确保裁判法律效果和社会效果的统一。

4. 量刑要客观、全面把握不同时期不同地区的经济社会发展和治安形势的变化，确保刑法任务的实现；对于同一地区同一时期，案情相近或相似的案件，所判处的刑罚应当基本均衡。

二、量刑的基本方法

量刑时，应以定性分析为主，定量分析为辅，依次确定量刑起点、基准刑和宣告刑。

1. 量刑步骤

（1）根据基本犯罪构成事实在相应的法定刑幅度内确定量刑起点。省法院在一定时期内，可根据治安形势和经济发展状况的需要，在《关于常见犯罪的量刑指导意见》规定的幅度范围内适当调整量刑起点。

（2）根据其他影响犯罪构成的犯罪数额、犯罪次数、犯罪后果等犯罪事实，在量刑起点的基础上增加刑罚量确定基准刑。

（3）根据量刑情节调节基准刑，并综合考虑全案情况，依法确定宣告刑。

2. 量刑情节调节基准刑的方法

（1）具有单个量刑情节的，根据量刑情节的调节比例直接对基准刑进行调节。

（2）具有多种量刑情节的，一般根据各个量刑情节的调节比例，采用同向相加、逆向相减的方法调节基准刑。但对于同时具有刑法总则规定的未成年人犯罪、老年人犯罪、限制行为能力的精神病人犯罪、又聋又哑的人或者盲人犯罪，防卫过当、避险过当、犯罪预备、犯罪未遂、犯罪中止，从犯、胁从犯和教唆犯等量刑情节的，先适用该量刑情节对基准刑进行调节，在此基础上，再适用其他量刑情节进行调节。

（3）被告人犯数罪，同时具有适用各个罪的立功、累犯等量刑情节的，先用各个量刑情节调节个罪的基准刑，确定个罪所应判处的刑罚，再依法实行数罪并罚，决定执行的刑罚。

3. 确定宣告刑的方法

（1）量刑情节对基准刑的调节结果在法定刑幅度内，且罪责刑相适应的，可以依法确定为宣告刑；如果具有应当减轻处罚情节的，应当在法定最低刑以下确定宣告刑。

（2）量刑情节对基准刑的调节结果在法定最低刑以下，具有法定减轻处罚情节，且罪责刑相适应的，可以依法确定为宣告刑；只有从轻处罚情节的，可以确定法定最低刑为宣告刑。但是根据案件的特殊情况，经最高人民法院核准，也可以在法定刑以下判处刑罚。

（3）量刑情节对基准刑的调节结果在法定最高刑以上的，可以依法确定法定最高刑为宣告刑。

（4）综合考虑全案情况，独任审判员或合议庭可以在20%的幅度内对调节结果进行调整，确定宣告刑。调节后的结果仍然罪责刑不相适应的，可以提交审判委员会讨论决定宣告刑。

（5）综合全案犯罪事实和量刑情节，依法应当判处无期徒刑以上刑罚、管制或者单处附加刑的，应当依法适用。

（6）宣告刑为三年以下有期徒刑、拘役并符合缓刑适用条件的，可以依法宣告缓刑；犯罪情节轻微，不需要判处刑罚的，可以免予刑事处罚。

4. 从宽处罚限定规则

除本细则有明确规定或具备法律规定的减轻处罚情节外，最终确定的宣告刑一般不应低于基准刑的40%。

三、常见量刑情节的适用

量刑时要充分考虑各种法定和酌定量刑情节，根据案件的全部犯罪事实以及量刑情节的不同情形，依法确定量刑情节的适用及其调节比例。对严重暴力犯罪、毒品犯罪等严重危害社会治安犯罪，在确定从宽的幅度时，应当从严掌握；对犯罪情节较轻的犯罪，应当充分体现从宽。具体确定各个量刑情节的调节比例时，应当综合平衡调节幅度与实际增减刑罚量的关系，确保罪责刑相适应。对于基准刑在三年以下的，可适用相应幅度内的较高比例；对于基准刑在十年以上的，可适用相应幅度内的较低比例。

1. 对于未成年人犯罪，应当综合考虑未成年人对犯罪的认识能力、实施犯罪行为的动机和目的、犯罪时的年龄、是否初犯、偶犯、悔罪表现、个人成长经历和一贯表现等情况，予以从宽处罚。

（1）已满十四周岁不满十六周岁的未成年人犯罪，减少基准刑的30%－60%；

（2）已满十六周岁不满十八周岁的未成年人犯罪，减少基准刑的10%－50%；

（3）未成年被告人多次实施违法行为的，或酗酒、赌博屡教不改的，或曾因淫乱、色情、吸毒等违法行为被处罚或教育过的，一般适用从宽幅度的下限；

（4）未成年被告人一贯表现良好，无不良习惯的，或被教唆、利用、诱骗犯罪的，一般适用从宽幅度的上限；

（5）未成年被告人身心成长曾受严重家庭暴力等其他客观因素影响的，可以在本条规定从宽幅度的基础上再减少基准刑的10%以下，但减少基准刑的最终幅度不得高于60%。

2. 对于已满七十五周岁的人故意犯罪的，根据犯罪时的年龄、犯罪性质、情节和社会危害程度等情况，可以减少基准刑的30%以下；过失犯罪的，可以减少基准刑的20%－50%。

3. 对于限制刑事责任能力的精神病人，综合考虑犯罪性质、精神疾病的严重程度以及犯罪时精神障碍影响辨认控制能力等情况，可以减少基准刑的30%以下。

4. 对于又聋又哑的人或者盲人犯罪，综合考虑犯罪的性质、情节、后果以及聋哑或视力残疾影响其辨认控制能力的程度决定从轻幅度。

（1）又聋又哑的人或者盲人犯罪的，可以减少基准刑的40%以下；犯罪情节较轻的，可以减少基准刑的40%以上或者免予刑事处罚。

（2）聋、哑、视力或听力存在严重障碍的，可以减少基准刑的20%以下。

5. 对于防卫过当或紧急避险过当的，综合考虑危害后果的大小、危害后果与必要限度的差距、被防卫行为或被避险情况危害性程度等因素，确定从宽幅度。

（1）轻微过当的，可以减少基准刑的50%－70%；一般过当的，可以减少基准刑的40%－60%；严重过当的，可以减少基准刑的30%－50%。

（2）轻微过当或一般过当，并具有其他法定从宽处罚情节的，可以免予刑事处罚。

6. 对于预备犯，综合考虑预备犯罪的性质、手段、准备程度等情况确定从宽的幅度。

（1）实施故意杀人、故意伤害（致人重伤、死亡）、强奸、抢劫、贩卖毒品、放火、爆炸、投放危险物质、绑架等严重破坏社会秩序犯罪的，可以减少基准刑的40%－60%。

（2）实施其他犯罪的，可以减少基准刑的50%－70%；其中，没有造成损害后果，不需要判处刑罚的，可以免予刑事处罚。

（3）预备行为情节显著轻微危害不大的，可不认为是犯罪。

7. 对于未遂犯，综合考虑犯罪行为的实行程度、造成损害的大小、犯罪未得逞的原因等情况，可以比照既遂犯确定从宽的幅度。

（1）实行终了的未遂犯，造成损害后果的，可以比照既遂犯减少基准刑的20%以下；未造成损害后果，或者犯罪情节轻微的，可以比照既遂犯减少基准刑的10%－30%。

（2）未实行终了的未遂犯，造成损害后果的，可以比照既遂犯减少基准刑的10%－30%；未造成损害后果，或者犯罪情节轻微的，可以比照既遂犯减少基准刑的20%－50%。

8. 对于中止犯，综合考虑中止犯罪的阶段、是否自动放弃犯罪、是否有效防止犯罪结果发生、自动放弃犯罪的原因以及造成的危害后果大小等情况确定从宽的幅度。

（1）在犯罪预备阶段自动放弃犯罪的，可以减少基准刑的60%－80%；

（2）在犯罪实行阶段自动放弃犯罪的，可以减少基准刑的30%－60%；

（3）中止犯罪，并且没有造成损害后果的，应当免予刑事处罚。

9. 对于共同犯罪，应当综合考虑被告人在共同犯罪中的地位、作用等情况确定增减基准刑的幅度。

（1）对于共同犯罪中作用相对较小的主犯，一般可以减少基准刑的20%以下；共同犯罪中有数个主犯的，对各被告人可依其作用相对大小，确定不同的等次，比照本条规定分别量刑，每等次相差幅度不超过10%。

（2）对于从犯，根据其在共同犯罪中的地位、作用等情况，可以减少基准刑的20%～50%；犯罪较轻的，减少基准刑的50%以上或者依法免除处罚。

（3）同一案件中有数个从犯的，可依其作用大小，确定不同的等次，比照本条规定分别量刑，每等次相差幅度不超过10%，即出现多个从犯时，各个从犯之间从轻幅度的选择，差异不超过10%。

（4）教唆不满十八周岁的人犯罪，所犯罪行较轻或者未造成严重损害的，可以增加基准刑的10%－30%；所犯罪行较重或者造成严重损害的，可以增加基准刑的20%－40%。

（5）对于胁从犯，可以根据犯罪性质、被胁迫的程度、实行犯罪中的作用等情况，减少基准刑的40%－60%；作用较小，并具有其他法定从宽处罚情节，不需要判处刑罚的，可以免予刑事处罚。

10. 对于自首情节，应当综合考虑投案的动机、时间、方式、罪行轻重以及悔罪表现等情况确定从宽的幅度。犯罪情节特别恶劣、犯罪后果特别严重、被告人主观恶性深、人身危险性大，或者在犯罪前即为规避法律、逃避处罚而准备自首等，可以不从宽处罚的除外。

（1）犯罪事实或者犯罪嫌疑人未被司法机关发觉，主动、直接投案构成自首的，可以减少基准刑的20%－40%；

（2）犯罪事实或者犯罪嫌疑人已被司法机关发觉，但犯罪嫌疑人尚未受到调查谈话、讯问、未被宣布采取调查措施或者强制措施时，主动、直接投案构成自首的，可以减少基准刑的10%－30%；

（3）犯罪嫌疑人、被告人如实供述司法机关尚未掌握的罪行，与司法机关已掌握的或判决确定的罪行不同，以自首论的，可以减少基准刑的20%以下；

（4）并非出于被告人主动，而是经亲友规劝、陪同投案，或者亲友送去投案等情形构成自首的，可以减少基准刑的20%以下

（5）罪行尚未被司法机关发觉，仅因形迹可疑，被有关组织或司法机关盘问、教育后，主动交待自己的罪行构成自首的，以及其他类型的自首，可以减少基准刑的20%以下；

（6）犯罪嫌疑人自动投案并如实供述自己的罪行后又翻供，但在一审判决前又能如实供述的，可以减少基准刑的10%以下；

（7）自首情节减轻比例根据基准刑折合的刑期，一般不超过4年，依法

免除处罚的不受此限；

（8）有本条第（1）至（5）项自首情节且犯罪较轻的，可以减少基准刑的40%以上或者依法免除处罚。

11. 对于坦白情节，综合考虑如实供述罪行的阶段、程度、罪行轻重以及悔罪程度等情况确定从宽的幅度。

（1）如实供述自己罪行的，可以减少基准刑的20%以下；

（2）如实供述司法机关尚未掌握的同种较重罪行的，可以减少基准刑的10%－30%；

（3）因其如实供述自己罪行，避免特别严重后果发生的，可以减少基准刑的30%－50%。

12. 对于当庭自愿认罪的，根据犯罪的性质、罪行的轻重以及悔罪表现等情况确定从宽的幅度，可以减少基准刑的10%以下，依法认定自首、坦白的除外。

13. 对于立功情节，应当综合考虑立功的大小、次数、内容、来源、效果以及罪行轻重等情况确定从宽的幅度。犯罪情节特别恶劣、犯罪后果特别严重、被告人主观恶性深、人身危险性大，或者在犯罪前即为规避法律、逃避处罚而准备立功等，可以不从宽处罚的除外。

（1）一般立功的，可以减少基准刑的10%以下；具有下列情形之一的，可以减少基准刑的10%－20%，一般不超过二年。

①被检举人可能判处十年以上有期徒刑，经查证属实的；

②揭发多人犯罪，经查证属实的；

③提供侦破多个案件的重要线索，经查证属实的；

④协助司法机关抓获多名犯罪嫌疑人的；

⑤同时具有揭发他人犯罪、提供侦破其他案件重要线索、协助司法机关抓获犯罪嫌疑人等多个立功情节，经查证属实的。

（2）重大立功的，基准刑在三年以下，可以减少基准刑的30%－50%；基准刑在三年以上十年以下，可以减少基准刑的30%－40%；基准刑在十年以上，可以减少基准刑的20%－30%；所犯罪行较轻的，可以减少基准刑的50%以上或者依法免除处罚。

（3）重大立功线索系犯罪嫌疑人、被告人在被羁押期间从他人处获得的，可适当减少本条规定的从宽幅度。

14. 对于退赃、退赔的，综合考虑犯罪性质，退赃、退赔行为对损害结果所能弥补的程度，退赃、退赔的数额及主动程度等情况，确定从宽的幅度。

（1）退赃、退赔的，可以减少基准刑的30%以下；其中抢劫等严重危害社会治安犯罪的应从严掌握，一般可以减少基准刑的20%以下。

（2）积极配合办案机关追缴赃款赃物，未造成较大经济损失的，可以减少基准刑的10%以下；司法机关依职权追缴赃款、赃物，一般不予从轻。

（3）共同犯罪中，部分被告人退赃、退赔的，仅对退赃、退赔的被告人予以从宽。

（4）主动退赃、退赔的，一般适用从宽幅度的上限；被动退赔的，一般适用从宽幅度的下限。

15. 对于积极赔偿被害人经济损失并取得谅解的，综合考虑犯罪性质、赔偿数额、赔偿能力以及认罪、悔罪程度等情况确定从宽的幅度。当事人根据刑事诉讼法第二百七十七条达成刑事和解协议的除外。

（1）积极赔偿全部经济损失并取得谅解，基准刑在三年以下的，可以减少基准刑的40%以下；基准刑在三年以上十年以下的，可以减少基准刑的25%以下；基准刑在十年以上的，可以减少基准刑的15%以下。

（2）积极赔偿部分经济损失并取得谅解的，可以按赔偿数额的比例减少基准刑。

（3）被告人经济能力有限，但能多方筹款、借款积极赔偿被害人经济损失并取得谅解的，可在相应幅度内靠近上限从轻。

（4）积极赔偿但没有取得谅解的，基准刑在三年以下的，可以减少基准刑的30%以下；基准刑在三年以上十年以下的，可以减少基准刑的20%以下；基准刑在十年以上的，可以减少基准刑的10%以下。

（5）尽管没有赔偿，但取得谅解的，可以减少基准刑的20%以下；犯罪较重的，可以减少基准刑的10%以下；但黑恶势力犯罪的除外。

（6）有能力赔偿而拒不赔偿的，可以增加基准刑的30%以下。

（7）其中抢劫、强奸等严重危害社会治安犯罪的应从严掌握。

16. 对于当事人根据刑事诉讼法第二百七十七条达成刑事和解协议的，综合考虑犯罪性质、赔偿数额、赔礼道歉以及真诚悔罪等情况，可以减少基准刑的50%以下；犯罪较轻的，可以减少基准刑的50%以上或者依法免除处罚。

17. 对于累犯，应当综合考虑前后罪的性质、刑罚执行完毕或赦免以后至再犯罪时间的长短以及前后罪罪行大小等情况，可以增加基准刑的10% - 40%，但一般不少于三个月。

后罪与前罪属同种罪行，或者比前罪性质严重的，可以在前款基础上再增加基准刑的10%以下，但增加基准刑的最终幅度不得高于40%。

18. 对于有前科的，综合考虑前科的性质、次数、时间间隔长短、处罚轻重等情况，可以增加基准刑的10%以下，但前科犯罪为过失犯罪和未成年人犯罪的除外。对于既构成累犯，同时另有前科的，应依照本细则规定，分别适用。

19. 对于犯罪对象为老年人、未成年人、残疾人、孕妇等弱势人员的，综合考虑犯罪的性质、犯罪的严重程度等情况，可以增加基准刑的20%以下。常见罪名个罪中对此另有特别规定的，依照个罪规定适用。

20. 对于在重大自然灾害、预防、控制突发传染病疫情等灾害期间故意犯罪的，根据案件的具体情况，可以增加基准刑的20%以下，同时以救灾款物等为犯罪对象的，增加基准刑的20%。

四、常见犯罪的量刑

在根据本细则规定确定量刑起点的基础上，要根据具体犯罪构成事实的社会危害程度，准确确定所应增加的刑罚量和基准刑；对于同时具有两种以上犯罪构成要件事实的，一般应当以危害较重的一种犯罪构成要件事实作为确定量刑起点的基本犯罪构成事实，其余犯罪构成事实则作为增加刑罚量的事实，在量刑起点的基础上确定基准刑。

（一）交通肇事罪

1. 具有《最高人民法院〈关于审理交通肇事刑事案件具体应用法律若干问题的解释〉》（以下简称《解释》）规定的下列情形之一，依法应当在三年有期徒刑以下确定量刑起点和基准刑：

（1）死亡一人或重伤三人，负事故全部责任的，在一年六个月至二年有期徒刑幅度内确定量刑起点；负主要责任的，在一年至一年六个月有期徒刑幅度内确定量刑起点。

（2）重伤四人，负事故全部责任的，在二年至二年六个月有期徒刑幅度内确定量刑起点；负主要责任的，在一年六个月至二年有期徒刑幅度确定量刑起点。

（3）死亡三人，负事故同等责任的，在一年六个月至二年有期徒刑幅度内确定量刑起点。死亡人数每增加一人，增加三个月刑期确定基准刑。

（4）造成公共财产或者他人财产直接损失，负事故主要或者全部责任，无能力赔偿数额在30万元的，在一年以下有期徒刑、拘役幅度内确定量刑起点。无能力赔偿数额每增加1万元，增加一个月刑期确定基准刑。

（5）重伤一人，负事故全部责任，并具有《解释》第二条第二款第（一）至（六）项规定的情形之一的，在一年至一年六个月有期徒刑幅度内确定量刑起点；负主要责任的，在一年以下有期徒刑、拘役幅度内确定量刑起点。

（6）具有上述第（1）至（5）种情形之一，重伤人数每增加一人，增加三个月至六个月刑期确定基准刑。

2. 具有《解释》规定的下列情形之一，依法应当在三年以上七年以下有期徒刑幅度内确定量刑起点和基准刑：

（1）交通运输肇事造成死亡一人或者重伤三人，负事故全部或者主要责任，又逃逸的；或者死亡三人，负事故同等责任，又逃逸的；或者造成公共财产或者他人财产直接损失，负事故主要或者全部责任，无能力赔偿数额在30万元，又逃逸的；或者造成重伤一人，负事故全部或者主要责任，并具有《解释》中第二条第二款第（一）至（五）项规定情形之一，又逃逸的，在三年六个月至四年六个月有期徒刑幅度内确定量刑起点。

（2）死亡二人，负事故全部责任的，在四年至五年有期徒刑幅度内确定量刑起点；负主要责任的，在三年至四年有期徒刑幅度内确定量刑起点。死亡人数每增加一人，增加六个月刑期确定基准刑。

（3）重伤五人，负事故全部责任的，在三年六个月至四年有期徒刑幅度内确定量刑起点；负主要责任的，在三年至三年六个月有期徒刑幅度内确定量刑起点。

（4）死亡六人，负事故同等责任的，在四年至五年有期徒刑幅度内确定量刑起点。死亡人数每增加一人，增加三个月刑期确定基准刑。

（5）造成公共财产或者他人财产直接损失，负事故全部或者主要责任，无能力赔偿数额在60万元的，在三年至四年有期徒刑幅度内确定量刑起点。无能力赔偿数额每增加2万元，增加一个月刑期确定基准刑。

（6）具有上述第（1）至（5）种情形之一，重伤人数每增加一人，增加三个月至六个月刑期确定基准刑。

(7) 具有上述第(2)至(5)种情形之一，又具有逃逸情节的，增加一年刑期确定基准刑。

3. 犯交通肇事罪，因逃逸致一人死亡的，在八年至九年有期徒刑幅度内确定量刑起点。每增加一人死亡，增加二年至四年刑期确定基准刑；每增加一人重伤，增加六个月至一年刑期确定基准刑。

4. 有下列情形之一的，可以增加基准刑的10%以下，但已根据相关情节确定量刑起点和基准刑的除外；同时具有两种以上情形的，累计不得超过基准刑的50%：

(1) 酒后、吸食毒品后驾驶机动车辆的，或者在道路上驾驶机动车追逐竞驶，情节恶劣的；

(2) 无驾驶资格驾驶机动车辆的；

(3) 明知是安全装置不全或者安全机件失灵的机动车辆而驾驶的；

(4) 明知是无牌证或者已报废的机动车辆而驾驶的；

(5) 严重超载驾驶的；

(6) 交通肇事造成恶劣社会影响的；

(7) 其他可以从重处罚的情形。

5. 交通肇事后保护现场、抢救伤者的，可以减少基准刑的20%以下，同时向公安机关报告构成自首的，减少基准刑的30%以下。

6. 交通肇事逃逸后自动投案，如实供述自己罪行认定为自首的，视情况决定减少基准刑的10%以下。

7. 对于被告人积极赔偿被害人经济损失的，应当综合考虑被告人交通肇事犯罪情节、伤亡人数、违章的原因及严重程度、赔偿数额以及被害人谅解程度等情况确定从宽幅度。

8. 有下列情形之一的，一般不适用缓刑：

(1) 交通肇事后逃逸，未主动投案的；

(2) 不积极主动赔偿或者未尽力赔偿被害方经济损失的；

(3) 醉酒驾车（即行为人血液酒精浓度超过80mg/100ml）致使发生重大交通事故的；

(4) 多次违反道路交通安全法规被行政拘留的；

(5) 曾因交通肇事犯罪被刑事处罚的；

(6) 其他不适用缓刑的情形。

（二）故意伤害罪

1. 构成故意伤害罪的，按下列不同情形在相应的刑罚幅度内确定量刑起点：

（1）故意伤害他人身体，致一人轻伤二级的，在一年以下有期徒刑、拘役幅度内确定量刑起点；致一人轻伤一级的，在一年至二年有期徒刑幅度内确定量刑起点。

（2）故意伤害他人身体，致一人重伤二级的，在三年至四年有期徒刑幅度内确定量刑起点；致一人重伤一级的，在四年至五年有期徒刑幅度内确定量刑起点。

（3）以特别残忍手段致一人重伤，造成六级严重残疾的，在十一年至十三年有期徒刑幅度内确定量刑起点。依法应当判处无期徒刑以上刑罚的除外。

2. 在量刑起点的基础上，根据伤害后果、伤残等级、手段的残忍程度等其他影响犯罪构成的犯罪事实增加刑罚量，确定基准刑。有下列情形之一的，在以其中最重伤情确定量刑起点的基础上，增加相应刑期确定基准刑：

（1）增加轻微伤一人的，增加一个月至二个月刑期确定基准刑。

（2）增加轻伤二级一人的，增加三个月至六个月刑期确定基准刑；增加轻伤一级一人的，增加六个月至九个月刑期确定基准刑。

（3）增加重伤二级一人的，增加一年至二年刑期确定基准刑；增加重伤一级一人的，增加二年至三年刑期确定基准刑。

（4）造成被害人六级至三级残疾，每增加一级残疾，增加六个月至一年刑期确定基准刑；造成被害人残疾程度超过三级的，每增加一级残疾，增加一年至二年刑期确定基准刑。

（5）其他可以增加刑罚量的情形。

3. 有下列情形之一的，可以增加基准刑的20%以下；基准刑在十年有期徒刑以上的，可以增加基准刑的10%以下；同时具有两种以上情形的，累计不得超过基准刑的100%：

（1）持枪支、管制刀具或者其他凶器伤害他人的；

（2）因实施其他违法活动而故意伤害他人身体的；

（3）伤害他人身体要害部位的；

（4）事先有预谋的；

（5）雇佣他人实施伤害行为的；

（6）报复伤害他人的；

（7）造成两处以上重伤或轻伤的；

（8）其他可以从重处罚的情形。

4. 有下列情形之一的，可以减少基准刑的 20% 以下；基准刑在十年有期徒刑以上的，可以减少基准刑的 10% 以下：

（1）因婚姻家庭、邻里纠纷等民间矛盾激化引发的；

（2）因被害人对引发犯罪有过错或对矛盾激化引发犯罪负有责任的；

（3）犯罪后积极抢救被害人的；

（4）其他可以从轻处罚的情形。

5. 存在下列情形之一的，一般不适用缓刑：

（1）不积极主动赔偿或者未尽力赔偿被害方经济损失的；

（2）持具有杀伤性凶器伤害他人身体致人重伤的；

（3）致二人以上重伤或者多人轻伤的；

（4）其他不适用缓刑的情形。

（三）强奸罪

1. 构成强奸罪的，根据下列不同情形在相应的幅度内确定量刑起点：

（1）强奸妇女一人的，在三年至六年有期徒刑幅度内确定量刑起点。

奸淫幼女一人的，在四年至七年有期徒刑幅度内确定量刑起点。

（2）强奸妇女情节恶劣、强奸妇女三人或者轮奸妇女的，在十年至十二年有期徒刑幅度内确定量刑起点；在公共场所当众强奸妇女或者强奸造成被害人重伤、精神失常、自杀等其他严重后果的，在十一年至十三年有期徒刑幅度内确定量刑起点。依法应当判处无期徒刑以上刑罚的除外。

奸淫幼女情节恶劣或者奸淫幼女三人的，在十二年至十三年有期徒刑幅度内确定量刑起点。依法应当判处无期徒刑以上刑罚的除外。

2. 在量刑起点的基础上，根据强奸妇女、奸淫幼女情节恶劣程度、强奸人数、致人伤亡后果等其他影响犯罪构成的犯罪事实增加刑罚量，确定基准刑：

（1）强奸妇女或者奸淫幼女每增加一人，增加二年至三年刑期确定基准刑。

（2）每增加轻微伤一人，增加六个月以下刑期确定基准刑。

（3）每增加轻伤一人，增加一年至二年刑期确定基准刑。

（4）每增加《刑法》第二百三十六条第三款第（一）至（五）项规定情形之一的，增加二年至三年刑期确定基准刑。

（5）造成被害人六级至三级残疾，每增加一级残疾，增加一年至二年刑期确定基准刑；造成被害人残疾程度超过三级的，每增加一级残疾，增加二年至三年刑期确定基准刑。

（6）造成未成年被害人轻伤、怀孕、感染性病等后果的，每增加一人，增加二年至三年刑期确定基准刑。

（7）其他可以增加刑罚量的情形。

3. 有下列情形之一的，可以增加基准刑的20%以下；同时具有两种以上情形的，累计不得超过基准刑的100%：

（1）强奸怀孕的妇女或已满十四周岁不满十八周岁的少女的；

（2）强奸残疾妇女、无性防卫能力的妇女及老年妇女的；

（3）利用教养、监护、职务、亲属关系强奸的；

（4）对同一妇女多次实施强奸犯罪的；

（5）携带凶器或者采取非法拘禁、捆绑、侮辱、虐待等方式作案的；

（6）其他可以从重处罚的情形。

4. 强奸未成年被害人，并有下列情形之一的，可以增加基准刑的30%以下；同时具有两种以上情形的，累计不得超过基准刑的100%：

（1）对未成年人负有特殊职责的人员、与未成年人有共同家庭生活关系的人员、国家工作人员或者冒充国家工作人员，实施强奸犯罪的；

（2）进入未成年人住所、学生集体宿舍实施强奸犯罪的；

（3）采取暴力、胁迫、麻醉等强制手段实施奸淫幼女犯罪的；

（4）对不满十二周岁的儿童、农村留守儿童、严重残疾或者精神智力发育迟滞的未成年人，实施强奸犯罪的；

（5）对同一未成年被害人多次实施强奸犯罪的；

（6）有强奸犯罪前科的；

（7）其他可以从重处罚的情形。

5. 对强奸未成年人的成年被告人判处刑罚时，一般不适用缓刑。

（四）非法拘禁罪

1. 非法拘禁一人，犯罪情节一般，未造成伤害后果的，在一年以下有期徒刑、拘役幅度内确定量刑起点。

2. 非法拘禁犯罪情节一般，致一人重伤二级的，在三年至四年有期徒刑幅度内确定量刑起点；致一人重伤一级的，在四年至五年有期徒刑幅度内确定量刑起点。

3. 非法拘禁致一人死亡的，在十一年至十二年有期徒刑幅度内确定量刑起点。

4. 在量刑起点的基础上，根据非法拘禁人数、拘禁时间、致人死亡后果等其他影响犯罪构成的犯罪事实增加刑罚量，确定基准刑：

（1）被害人每增加一人，增加三个月刑期确定基准刑。

（2）非法拘禁每增加二十四小时，增加一个月至二个月刑期确定基准刑。

（3）每增加轻微伤一人，增加一个月至三个月刑期确定基准刑。

（4）每增加轻伤一人，增加三个月至九个月刑期确定基准刑。

（5）每增加重伤一人，增加九个月至一年六个月刑期确定基准刑。

（6）每增加死亡一人，增加一年六个月至二年刑期确定基准刑。

（7）造成被害人六级至三级残疾，每增加一级残疾，增加六个月至一年刑期确定基准刑；造成被害人残疾程度超过三级的，每增加一级残疾，增加一年至二年刑期确定基准刑。

（8）其他可以增加刑罚量的情形。

5. 有下列情形之一的，可以从重处罚；同时具有两种以上情形的，累计不得超过基准刑的100%：

（1）具有殴打、侮辱、虐待情节的，增加基准刑的10%－20%；

（2）国家机关工作人员利用职权非法拘禁他人的，增加基准刑的10%－20%；

（3）多次非法拘禁他人的，增加基准刑的20%以下；

（4）冒充军警人员、司法人员非法扣押、拘禁他人的，增加基准刑的20%以下；

（5）为索取高利贷、赌债等法律不予保护的债务而非法拘禁他人的，增加基准刑的20%以下；

（6）持枪支、管制刀具或者其他凶器非法拘禁他人的，增加基准刑的20%以下；

（7）因参与传销非法拘禁他人的，增加基准刑的20%以下；

（8）其他可以从重处罚的情形。

6. 为索取合法债务，争取合法权益而非法扣押、拘禁他人的，可以减少基准刑的30%以下。

（五）抢劫罪

1. 构成抢劫罪的，在四年至六年有期徒刑幅度内确定量刑起点。

2. 具有《刑法》第二百六十三条第（一）至（八）项规定情形之一的，在十一年至十三年有期徒刑幅度内确定量刑起点。依法应当判处无期徒刑以上刑罚的除外。

3. 在量刑起点的基础上，根据抢劫情节严重程度、抢劫次数、数额、致人伤害后果等其他影响犯罪构成的犯罪事实增加刑罚量，确定基准刑：

（1）每增加轻微伤一人，增加三个月至六个月刑期确定基准刑。

（2）每增加轻伤一人，增加六个月至一年刑期确定基准刑。

（3）每增加重伤一人，增加一年至三年刑期确定基准刑；构成残疾的，每增加一级，再增加三个月刑期确定基准刑。

（4）每增加一次抢劫犯罪行为的，增加二年至三年刑期确定基准刑。

（5）犯罪数额每增加1000元，增加一个月刑期确定基准刑；量刑起点在十年以上有期徒刑的，犯罪数额每增加4000元，增加一个月刑期确定基准刑。

（6）每增加《刑法》第二百六十三条第（一）至（八）项规定情形之一的，增加二年刑期确定基准刑。

（7）其他可以增加刑罚量的情形。

4. 有下列情形之一的，可以增加基准刑的20%以下；基准刑在十年有期徒刑以上的，可以增加基准刑的10%以下；同时具有两种以上情形的，累计不得超过基准刑的100%：

（1）使用管制刀具等危险性工具抢劫的；

（2）抢劫后为便于逃脱而使他人身体受到强制的；

（3）预谋抢劫、流窜作案或者结伙抢劫的；

（4）为实施其他违法活动而抢劫的；

（5）在公共场所当众抢劫的；

（6）其他可以从重处罚的情形。

5. 有下列情形之一的，可以减少基准刑的20%以下；基准刑在十年有期徒刑以上的，可以减少基准刑的10%以下：

（1）抢劫家庭成员或者近亲属财物的；

（2）转化型抢劫，仅以暴力或语言相威胁的；

（3）因生活所迫、学习、治病急需而实施抢劫的；

（4）其他可以从轻处罚的情形。

（六）盗窃罪

1. 根据盗窃数额和相关情节，在下列对应的刑罚幅度内确定量刑起点和基准刑：

（1）入户盗窃、多次盗窃、携带凶器盗窃、扒窃，数额未达较大起点的，在三个月拘役至九个月有期徒刑幅度内确定量刑起点。每增加一次作案或者一种情形，增加二个月刑期确定基准刑。

盗窃数额达2000元的，在三个月拘役至九个月有期徒刑幅度内确定量刑起点。数额每增加1500元，增加一个月刑期确定基准刑。

盗窃数额达1000元，不满2000元，并具有《最高人民法院、最高人民检察院〈关于办理盗窃刑事案件适用法律若干问题的解释〉》（以下简称《解释》）第二条第（一）至（八）项规定情形之一的，在三个月拘役至九个月有期徒刑幅度内确定量刑起点。

盗窃国有馆藏一般文物的，在三个月拘役至九个月有期徒刑幅度内确定量刑起点。盗窃国有馆藏一般文物二件的，增加九个月至一年刑期确定基准刑。

（2）盗窃数额达5万元的，在三年至四年有期徒刑幅度内确定量刑起点。数额每增加5000元，增加一个月刑期确定基准刑。

盗窃数额达2.5万元，并具有《解释》第二条第（三）至（八）项规定情形之一或者入户盗窃、携带凶器盗窃的，在三年至四年有期徒刑幅度内确定量刑起点。数额在2.5万元以上，未达5万元的，每增加5000元，增加一个月刑期确定基准刑。

盗窃国有馆藏一般文物三件或者三级文物一件的，在三年至四年有期徒刑幅度内确定量刑起点。盗窃国有馆藏一般文物超过三件的，每增加一件，增加九个月至一年刑期确定基准刑；盗窃国家三级文物二件的，增加一年至一年六个月刑期确定基准刑。

（3）盗窃数额达40万元的，在十年至十一年有期徒刑幅度内确定量刑起点。数额每增加3万元，增加一个月刑期确定基准刑。依法应当判处无期徒刑的除外。

盗窃数额达20万元，并具有《解释》第二条第（三）至（八）项规定情形之一或者入户盗窃、携带凶器盗窃的，在十年至十一年有期徒刑幅度内确定量刑起点。数额在20万元以上，未达40万元的，每增加2万元，增加一个月刑期确定基准刑。依法应当判处无期徒刑的除外。

盗窃国有馆藏三级文物三件或者二级文物一件的，在十年至十一年有期徒刑幅度内确定量刑起点。盗窃国有馆藏三级文物超过三件的，每增加一件，增加一年至一年六个月刑期确定基准刑；盗窃国有馆藏二级文物超过一件的，每增加一件，增加一年六个月至二年刑期确定基准刑；盗窃的文物中包含一般文物的，每增加一件，增加三个月至四个月刑期确定基准刑。依法应当判处无期徒刑的除外。

2. 以数额巨大或特别巨大的财物、珍贵文物为盗窃目标或者具有其他情节严重的情形，但盗窃未遂的，应根据相应的犯罪数额和情节确定量刑起点和基准刑，综合考虑犯罪未遂等量刑情节后决定宣告刑。

3. 有下列情形之一的，可以增加基准刑的20%以下，但已根据相关情节确定量刑起点和基准刑的除外；同时具有两种以上情形的，累计不得超过基准刑的100%：

（1）盗窃数额达到较大以上，以盗窃数额确定量刑起点，并具有多次盗窃、入户盗窃、携带凶器盗窃或者扒窃等情形的；

（2）组织、控制未成年人盗窃的；

（3）自然灾害、事故灾害、社会安全事件等突发事件期间，在事件发生地盗窃的；

（4）盗窃残疾人、孤寡老人或者丧失劳动能力人的财物的；

（5）在医院盗窃病人或其亲友财物的；

（6）盗窃救灾、抢险、防汛、优抚、扶贫、移民、救济款物的；

（7）因盗窃造成严重后果的；

（8）采取破坏性手段盗窃造成公私财产损失的；

（9）为违法犯罪活动而盗窃或将盗窃的财物用于违法犯罪活动的；

（10）其他可以从重处罚的情形。

4. 有下列情形之一的，可适当减少基准刑：

（1）因生活、治病急需而盗窃的，可以减少基准刑的30%以下。

（2）在案发前自动将赃物放回原处或归还被害人的，可以减少基准刑的50%以下；将部分赃物放回原处或归还被害人的，可按比例减少刑期。

(3) 盗窃家庭成员或者近亲属财物的，一般可不按犯罪处理；确有必要追究刑事责任的，可以根据家属、近亲属的谅解程度，减少基准刑的20%－50%。

(4) 其他可以从轻处罚的情形。

5. 盗窃犯罪既有既遂，又有未遂，分别达到不同法定刑幅度的，先决定未遂部分是否减轻处罚，确定未遂部分对应的量刑幅度，再与既遂部分进行比较，既遂部分所对应的量刑幅度较重，或者既、未遂部分所对应的量刑幅度相同的，以既遂部分确定基准刑，未遂部分作为酌情从重处罚情节，增加基准刑的40%以下；未遂部分对应的量刑幅度较重的，以未遂部分确定基准刑，既遂部分作为酌情从重处罚情节，增加基准刑的50%以下。

(七) 诈骗罪

1. 根据诈骗数额和相关情节，在下列对应的刑罚幅度内确定量刑起点和基准刑：

(1) 诈骗数额达6000元的，在三个月拘役至九个月有期徒刑幅度内确定量刑起点。数额每增加1500元，增加一个月刑期确定基准刑。

利用电信网络技术手段实施诈骗，数额达3000元的，在三个月拘役至九个月有期徒刑幅度内确定量刑起点。数额每增加1000元，增加一个月刑期确定基准刑。

(2) 诈骗数额达6万元的，在三年至四年有期徒刑幅度内确定量刑起点。数额每增加6000元，增加一个月刑期确定基准刑。

诈骗数额达4.8万元，并具有《最高人民法院、最高人民检察院〈关于办理诈骗刑事案件具体应用法律若干问题的解释〉》（以下简称《解释》）第二条第一款第（一）至（五）项规定情形之一的，在三年至四年有期徒刑幅度内确定量刑起点。数额在4.8万元以上，未达6万元的，每增加3000元，增加一个月刑期确定基准刑。

利用电信网络技术手段实施诈骗，数额达3万元的，在三年至四年有期徒刑幅度内确定量刑起点。数额每增加6000元，增加一个月刑期确定基准刑。

利用电信网络技术手段实施诈骗，数额达2.4万元，并具有《最高人民法院、最高人民检察院、公安部〈关于办理电信网络诈骗等刑事案件适用法律若干问题的意见〉》（以下简称《意见》）第二条第（二）项规定十种情形之一的，在三年至四年有期徒刑幅度内确定量刑起点。数额在2.4万元以上，未达3万元的，每增加1500元，增加一个月刑期确定基准刑。

（3）诈骗数额达50万元的，在十年至十一年有期徒刑幅度内确定量刑起点。数额每增加5万元，增加一个月刑期确定基准刑。依法应当判处无期徒刑的除外。

诈骗数额达40万元，并具有《解释》第二条第一款第（一）至（五）项规定情形之一的；实施电信网络诈骗犯罪，数额达40万元，并具有《意见》第二条第（二）项规定十种情形之一的，在十年至十一年有期徒刑幅度内确定量刑起点。数额在40万元以上，未达50万元的，每增加1万元，增加一个月刑期确定基准刑。依法应当判处无期徒刑的除外。

2. 以数额巨大或特别巨大的财物为诈骗目标的，或者具有其他严重情节、特别严重情节，诈骗未遂的，应根据相应的犯罪数额和情节确定量刑起点和基准刑，综合考虑犯罪未遂等量刑情节后决定宣告刑。

3. 有下列情节或《意见》第二条第（二）项规定十种情形之一的，可以增加基准刑的20%以下，但已根据相关情节确定量刑起点和基准刑的除外；同时具有两种以上情形的，累计不得超过基准刑的100%：

（1）多次诈骗的；

（2）诈骗集团的首要分子；

（3）通过发送短信、拨打电话或者利用互联网、广播电视、报刊杂志等发布虚假信息，对不特定多数人实施诈骗的；

（4）诈骗救灾、抢险、防汛、优抚、扶贫、移民、救济、医疗款物的；

（5）以赈灾募捐名义实施诈骗的；

（6）诈骗残疾人、老年人或者丧失劳动能力人的财物的；

（7）导致被害人自杀、精神失常或者其他严重后果的；

（8）挥霍诈骗的财物，致使诈骗的财物无法返还的；

（9）为违法犯罪活动而诈骗或将诈骗的财物用于违法犯罪活动的；

（10）其他可以从重处罚的情形。

4. 有下列情形之一的，可适当减少基准刑：

（1）在案发前自动将赃款赃物归还被害人的，可以减少基准刑的50%以下；

（2）诈骗家庭成员或近亲属财物，确有必要追究刑事责任的，可以减少基准刑的20%－50%；

（3）因生活所迫、学习、治病急需而诈骗的，可减少基准刑的30%的以下；

（4）其他可以从轻处罚的情形。

5. 诈骗犯罪既有既遂，又有未遂，分别达到不同法定刑幅度的，先决定未遂部分是否减轻处罚，确定未遂部分对应的量刑幅度，再与既遂部分进行比较，既遂部分所对应的量刑幅度较重，或者既、未遂部分所对应的量刑幅度相同的，以既遂部分确定基准刑，未遂部分作为酌情从重处罚情节，增加基准刑的40%以下；未遂部分对应的量刑幅度较重的，以未遂部分确定基准刑，既遂部分作为酌情从重处罚情节，增加基准刑的50%以下。

（八）抢夺罪

1. 根据抢夺数额和相关情节，在下列对应的刑罚幅度内确定量刑起点和基准刑：

（1）二年内三次抢夺，数额未达较大起点的，在三个月拘役至九个月有期徒刑幅度内确定量刑起点。每增加一次作案，增加二个月刑期确定基准刑。

抢夺数额达1500元的，在三个月拘役至九个月有期徒刑幅度内确定量刑起点。数额每增加1000元，增加一个月刑期确定基准刑。

抢夺数额达750元，不满1500元，并具有《最高人民法院、最高人民检察院〈关于办理抢夺刑事案件适用法律若干问题的解释〉》（以下简称《解释》）第二条第（一）至（十）项规定情形之一的，在三个月拘役至九个月有期徒刑幅度内确定量刑起点。

（2）抢夺数额达4万元的，在三年至四年有期徒刑幅度内确定量刑起点。数额每增加3500元，增加一个月刑期确定基准刑。

抢夺导致他人重伤、自杀，或者数额达2万元并具有《解释》第二条第（三）至（十）项规定情形之一的，在三年至四年有期徒刑幅度内确定量刑起点。数额在2万元以上，未达4万元的，每增加3500元，增加一个月刑期确定基准刑。

（3）抢夺数额达30万元的，在十年至十一年有期徒刑幅度内确定量刑起点。数额每增加2万元，增加一个月刑期确定基准刑。依法应当判处无期徒刑的除外。

抢夺导致他人死亡，或者数额达15万元并具有《解释》第二条第（三）至（十）项规定情形之一的，在十年至十一年有期徒刑幅度内确定量刑起点。

数额在15万元以上，未达30万元的，每增加1.5万元，增加一个月刑期确定基准刑。

（4）抢夺致人受伤，每增加轻微伤一人，增加二个月刑期确定基准刑；每增加轻伤一人，增加三个月至六个月刑期确定基准刑；每增加重伤一人或者自杀一人，增加六个月至一年刑期确定基准刑；每增加死亡一人，增加一年至二年刑期确定基准刑。

2. 有下列情形之一的，可以增加基准刑的20%以下，但已根据相关情节确定量刑起点和基准刑的除外；同时具有两种以上情形的，累计不得超过基准刑的100%：

（1）曾因抢劫、抢夺或者聚众哄抢受过刑事处罚的；

（2）一年内曾因抢夺或者哄抢受过行政处罚的；

（3）一年内抢夺三次以上的；

（4）驾驶机动车、非机动车抢夺的；

（5）组织、控制未成年人抢夺的；

（6）抢夺老年人、未成年人、孕妇、携带婴幼儿的人、残疾人、丧失劳动能力人的财物的；

（7）在医院抢夺病人或者其亲友财物的；

（8）抢夺救灾、抢险、防汛、优抚、扶贫、移民、救济款物的；

（9）自然灾害、事故灾害、社会安全事件等突发事件期间，在事件发生地抢夺的；

（10）导致他人精神失常等严重后果的；

（11）为违法犯罪活动而抢夺或将抢夺的财物用于违法犯罪活动的；

（12）其他可以从重处罚的情形。

3. 有下列情形之一的，可以减少基准刑的30%以下：

（1）因生活所迫、学习、治病急需而抢夺的；

（2）在案发前自动归还被害人财物的；

（3）其他可以从轻处罚的情形。

（九）职务侵占罪

1. 构成职务侵占罪的，按下述职务侵占数额对应的刑罚幅度确定量刑起点和基准刑：

（1）职务侵占数额达6万元的，在三个月拘役至一年有期徒刑幅度内确定量刑起点。数额每增加2万元，增加一个月刑期确定基准刑。

（2）职务侵占数额达100万元的，在五年至六年有期徒刑幅度内确定量刑起点。数额不满900万元的，每增加15万元，增加一个月刑期确定基准刑；数额超过900万元的，超过部分每增加30万元，增加一个月刑期确定基准刑。

2. 有下列情形之一的，可以增加基准刑的20%以下；同时具有两种以上情形的，累计不得超过基准刑的100%：

（1）侵占用于预防、控制突发传染病疫情等灾害的款物的；

（2）侵占救灾、抢险、防汛、优抚、扶贫、移民、救济、医疗款物的；

（3）侵占行为严重影响生产经营，或者造成其他严重损失，或者影响恶劣的；

（4）多次职务侵占的；

（5）在企业改制、破产、重组过程中进行职务侵占的；

（6）为违法犯罪活动而实施职务侵占或将职务侵占的财物用于违法犯罪活动的；

（7）其他可以从重处罚的情形。

（十）敲诈勒索罪

1. 构成敲诈勒索罪的，按下述敲诈勒索数额对应的刑罚幅度确定量刑起点和基准刑：

（1）二年内三次敲诈勒索，数额未达较大起点的，在三个月拘役至九个月有期徒刑幅度内确定量刑起点。每增加一次作案，增加二个月刑期确定基准刑。

敲诈勒索数额达4000元的，在三个月拘役至九个月有期徒刑幅度内确定量刑起点。数额每增加1500元，增加一个月刑期确定基准刑。

敲诈勒索数额达2000元，不满4000元，并具有《最高人民法院、最高人民检察院〈关于办理敲诈勒索刑事案件适用法律若干问题的解释〉》（以下简称《解释》）第二条第（一）至（七）项规定情形之一的，在三个月拘役至九个月有期徒刑幅度内确定量刑起点。

（2）敲诈勒索数额达6万元的，在三年至四年有期徒刑幅度内确定量刑起点。数额每增加5000元，增加一个月刑期确定基准刑。

敲诈勒索数额达4.8万元，并具有《解释》第二条第（三）至（七）项规定情形之一的，在三年至四年有期徒刑幅度内确定量刑起点。数额在4.8万元以上，未达6万元的，每增加3000元，增加一个月刑期确定基准刑。

（3）敲诈勒索数额达40万元的，在十年至十一年有期徒刑幅度内确定量刑起点。数额每增加2万元，增加一个月刑期确定基准刑。

敲诈勒索数额达32万元，并具有《解释》第二条第（三）至（七）项规定情形之一的，在十年至十一年有期徒刑幅度内确定量刑起点。数额在32万元以上，未达40万元的，每增加1万元，增加一个月刑期确定基准刑。

（4）敲诈勒索致人受伤，每增加轻微伤一人，增加二个月刑期确定基准刑；每增加轻伤一人，增加三个月至六个月刑期确定基准刑。

2. 有下列情形之一的，可以增加基准刑的20%以下，但已根据相关情节确定量刑起点和基准刑的除外；同时具有两种以上情形的，累计不得超过基准刑的100%：

（1）以非法手段获取他人隐私勒索他人财物的；

（2）以危险方法制造事端进行敲诈勒索的；

（3）敲诈勒索数额达到较大以上，以犯罪数额确定量刑起点，并具有多次敲诈勒索情形的；

（4）曾因敲诈勒索受过刑事处罚的；

（5）一年内曾因敲诈勒索受过行政处罚的；

（6）对未成年人、残疾人、老年人或者丧失劳动能力人敲诈勒索的；

（7）以将要实施放火、爆炸等危害公共安全犯罪或者故意杀人、绑架等严重侵犯公民人身权利犯罪相威胁敲诈勒索的；

（8）以黑恶势力名义敲诈勒索的；

（9）利用或者冒充国家机关工作人员、军人、新闻工作者等特殊身份敲诈勒索的；

（10）造成其他严重后果的；

（11）为违法犯罪活动而敲诈勒索或将敲诈勒索的财物用于违法犯罪活动的；

（12）其他可以从重处罚的情形。

3. 有下列情形之一的，可适当减少基准刑：

（1）敲诈勒索近亲属的财物，获得谅解，仍有必要认定为犯罪的，可以减少基准刑的10%－50%；

（2）被害人对敲诈勒索的发生存在过错的，可以减少基准刑的30%以下；

（3）因生活所迫、学习、治病急需而敲诈勒索的，可以减少基准刑的20%以下；

（4）其他可以从轻处罚的情形。

（十一）妨害公务罪

1. 构成妨害公务罪的，在三个月拘役至九个月有期徒刑幅度内确定量刑起点。

2. 在量刑起点的基础上，根据妨害公务造成的后果、犯罪情节严重程度等其他影响犯罪构成的犯罪事实增加刑罚量，确定基准刑：

（1）每增加轻微伤一人，增加一个月至三个月刑期确定基准刑；

（2）每增加轻伤一人，增加三个月至六个月刑期确定基准刑；

（3）毁损财物数额每增加二千元，增加一个月至二个月刑期确定基准刑；

（4）妨害公务造成较大社会影响或严重后果的，增加六个月至一年刑期确定基准刑；

（5）其他可以增加刑罚量的情形。

3. 有下列情形之一的，可以增加基准刑的20%以下：

（1）严重扰乱公共秩序的；

（2）煽动群众阻碍依法执行公务、履行职责的；

（3）采取持械、聚众围攻等暴力、威胁手段的；

（4）妨害公务造成恶劣社会影响的；

（5）其他可以从重处罚的情形。

4. 暴力袭击正在依法执行职务的人民警察的，增加基准刑的10%－30%。

5. 公务人员执行公务行为不规范的，可以减少基准刑的20%以下。

（十二）聚众斗殴罪

1. 聚众斗殴一次，犯罪情节一般的，在一年至一年六个月有期徒刑幅度内确定量刑起点。

在量刑起点的基础上，根据聚众斗殴人数、次数、伤害后果等其他影响犯罪构成的犯罪事实增加刑罚量，确定基准刑：

（1）每增加轻微伤一人，增加三个月至六个月刑期确定基准刑；

（2）每增加轻伤一人，增加六个月至一年刑期确定基准刑；

（3）每增加聚众斗殴一次，增加六个月至九个月刑期确定基准刑；

（4）聚众斗殴双方参与人数达五人的，每增加三人，增加一个月至二个月刑期确定基准刑；

（5）聚众斗殴造成交通秩序混乱的，增加六个月至一年刑期确定基准刑；

（6）其他可以增加刑罚量的情形。

2. 具有下列情形之一的，在三年至四年有期徒刑幅度内确定量刑起点：

（1）多次聚众斗殴的；

（2）聚众斗殴人数多，规模大，社会影响恶劣的；

（3）在公众场所或者交通要道聚众斗殴，造成社会秩序严重混乱的；

（4）持械聚众斗殴的。

在量刑起点的基础上，根据聚众斗殴人数、次数、伤害后果等其他影响犯罪构成的犯罪事实增加刑罚量，确定基准刑：

（1）每增加上述一项情形或同种情形一次的，增加六个月刑期确定基准刑；

（2）每增加轻微伤一人，增加三个月至六个月刑期确定基准刑；

（3）每增加轻伤一人，增加六个月至一年刑期确定基准刑；

（4）每增加聚众斗殴一次，增加六个月至九个月刑期确定基准刑；

（5）聚众斗殴单方人数超过十人的，每增加三人，增加一个月至三个月刑期确定基准刑；

（6）聚众斗殴严重扰乱社会秩序，造成恶劣社会影响的，增加六个月至一年刑期确定基准刑；

（7）其他可以增加刑罚量的情形。

3. 有下列情形之一的，可以增加基准刑的20%以下；同时具有两种以上情形的，累计不得超过基准刑的100%：

（1）聚众斗殴一方十人以上的首要分子；

（2）聚众斗殴致公私财物损毁，直接经济损失数额较大、巨大的首要分子和积极参加者；

（3）斗殴一方没有互殴故意，有斗殴故意一方的首要分子和积极参加者；

（4）组织未成年人聚众斗殴的；

（5）聚众斗殴带有黑社会性质的；

（6）其他可以从重处罚的情形。

4. 因民间纠纷引发的聚众斗殴，可以减少基准刑的20%以下。

（十三）寻衅滋事罪

1. 有下列寻衅滋事行为之一，构成寻衅滋事犯罪的，在一年至二年有期徒刑幅度内确定量刑起点：

（1）随意殴打他人，情节恶劣的；

（2）追逐、拦截、辱骂、恐吓他人，情节恶劣的；

（3）强拿硬要或者任意毁损、占用公私财物，情节严重的；

（4）在公众场所起哄闹事，造成公共场所秩序严重混乱的。

纠集他人三次实施前款犯罪行为，严重破坏社会秩序的，在五年至六年有期徒刑幅度内确定量刑起点。

2. 根据寻衅滋事次数、伤害后果、强拿硬要他人财物或任意损毁、占用公私财物数额等其他影响犯罪构成的犯罪事实增加刑罚量，确定基准刑：

（1）每增加轻微伤一人，增加二个月至三个月刑期确定基准刑；

（2）每增加轻伤一人，增加三个月至九个月刑期确定基准刑；

（3）每增加引起精神失常一人，增加六个月至一年刑期确定基准刑；

（4）每增加引起自杀造成重伤、死亡一人，增加一年至二年刑期确定基准刑；

（5）随意殴打他人，追逐、拦截、辱骂、恐吓他人，强拿硬要或任意毁损、占用公私财物三次以上的，每增加一次，增加一个月至二个月刑期确定基准刑；

（6）强拿硬要他人财物或者任意毁损、占用公私财物价值每增加2000元，增加一个月刑期确定基准刑；

（7）每增加寻衅滋事犯罪一次，增加六个月至九个月刑期确定基准刑；

（8）其他可以增加刑罚量的情形。

3. 有下列情形之一的，可以增加基准刑的20%以下：

（1）寻衅滋事带有黑社会性质的；

（2）纠集未成年人寻衅滋事的；

（3）其他可以从重处罚的情形。

（十四）掩饰、隐瞒犯罪所得、犯罪所得收益罪

1. 有下列行为之一，构成掩饰、隐瞒犯罪所得、犯罪所得收益罪的，在三个月拘役至六个月有期徒刑幅度内确定量刑起点：

（1）掩饰、隐瞒犯罪所得及其产生的收益数额达到6000元的。

（2）一年内曾因掩饰、隐瞒犯罪所得及其产生的收益行为受过行政处罚，又实施掩饰、隐瞒犯罪所得及其产生的收益行为的。

（3）掩饰、隐瞒的犯罪所得系电力设备、交通设施、广播电视设施、公用电信设施、军事设施或者救灾、抢险、优抚、扶贫、移民、救济款物的。

（4）掩饰、隐瞒行为致使上游犯罪无法及时查处，并造成公私财物损失无法挽回的。

（5）实施其他掩饰、隐瞒犯罪所得及其产生的收益行为，妨害司法机关对上游犯罪进行追究的。

（6）明知是非法获取计算机信息系统数据犯罪所获取的数据、非法控制计算机信息系统犯罪所获取的计算机信息系统控制权，而予以转移、收购、代为销售或者以其他方法掩饰、隐瞒，违法所得数额达到5000元的。

（7）明知是非法狩猎的野生动物而收购，数量达到50只的。

（8）明知是盗窃、抢劫、诈骗、抢夺的机动车，而实施下列掩饰、隐瞒行为之一的：买卖、介绍买卖、典当、拍卖、抵押或者用其抵债；拆解、拼装或者组装；修改发动机号、车辆识别代号；更改车身颜色或者车辆外形；提供或者出售机动车来历凭证、整车合格证、号牌以及有关机动车的其他证明和凭证；提供或者出售伪造、变造的机动车来历凭证、整车合格证、号牌以及有关机动车的其他证明和凭证。

在确定量刑起点的基础上，根据犯罪数额等其他影响犯罪构成的犯罪事实增加刑罚量，确定基准刑；已根据相关情节确定量刑起点的除外：

（1）犯罪数额每增加3000元，增加一个月刑期确定基准刑；

（2）掩饰、隐瞒的犯罪所得系电力设备、交通设施、广播电视设施、公用电信设施、军事设施或者救灾、抢险、优抚、扶贫、移民、救济款物的，犯罪数额每增加1500元，增加一个月刑期确定基准刑；

（3）每增加前款第（4）、（5）项情形之一的，增加一个月至三个月刑期确定基准刑；

（4）明知是非法获取计算机信息系统数据犯罪所获取的数据、非法控制计算机信息系统犯罪所获取的计算机信息系统控制权，而予以掩饰、隐瞒，违法所得数额每增加1500元，增加一个月刑期确定基准刑；

（5）收购非法狩猎的野生动物超过50只的，每增加30只，增加一个月刑期确定基准刑；

（6）掩饰、隐瞒盗窃、抢劫、诈骗、抢夺的机动车数量每增加一辆或价值总额每增加10万元，增加三个月至六个月刑期确定基准刑；

（7）其他可以增加刑罚量的情形。

2. 掩饰、隐瞒犯罪所得及其产生的收益，具有下列情形之一的，在三年至四年有期徒刑幅度内确定量刑起点：

（1）掩饰、隐瞒犯罪所得及其产生的收益价值总额达到10万元的；

（2）掩饰、隐瞒犯罪所得及其产生的收益十次，或者三次且价值总额达到5万元的；

（3）掩饰、隐瞒的犯罪所得系电力设备、交通设施、广播电视设施、公用电信设施、军事设施或者救灾、抢险、优抚、扶贫、移民、救济款物，价值总额达到5万元的；

（4）掩饰、隐瞒行为致使上游犯罪无法及时查处，并造成公私财物重大损失无法挽回或其他严重后果的；

（5）实施其他掩饰、隐瞒犯罪所得及其产生的收益行为，严重妨害司法机关对上游犯罪予以追究的；

（6）明知是非法获取计算机信息系统数据犯罪所获取的数据、非法控制计算机信息系统犯罪所获取的计算机信息系统控制权，而予以转移、收购、代为销售或者以其他方式掩饰、隐瞒，违法所得数额达到5万元的；

（7）掩饰、隐瞒盗窃、抢劫、诈骗、抢夺的机动车五辆或者价值总额达到50万元的。

在确定量刑起点的基础上，根据犯罪数额等其他影响犯罪构成的犯罪事实增加刑罚量，确定基准刑；已根据相关情节确定量刑起点的除外：

（1）犯罪数额每增加3万元，增加一个月刑期确定基准刑；

（2）掩饰、隐瞒犯罪所得及其产生的收益十次以上且价值总额不满10万元，或者三次以上且价值总额达到5万元不满10万元的，每增加一次，增加一个月刑期确定基准刑；

（3）掩饰、隐瞒的犯罪所得系电力设备、交通设施、广播电视设施、公用电信设施、军事设施或者救灾、抢险、优抚、扶贫、移民、救济款物的，每增加1.5万元，增加一个月刑期确定基准刑；

（4）每增加前款第（4）、（5）项情形之一的，增加四个月至六个月刑期确定基准刑；

（5）明知是非法获取计算机信息系统数据犯罪所获取的数据、非法控制计算机信息系统犯罪所获取的计算机信息系统控制权，而予以掩饰、隐瞒，违法所得数额每增加1.5万元，增加一个月刑期确定基准刑；

（6）掩饰、隐瞒盗窃、抢劫、诈骗、抢夺的机动车数量每增加一辆或价值总额每增加10万元，增加三个月至六个月刑期确定基准刑；

（7）其他可以增加刑罚量的情形。

3. 有下列情形之一的，可以增加基准刑的20%以下，但已根据相关情节确定量刑起点和基准刑的除外；同时具有两种以上情形的，累计不得超过基准刑的100%：

（1）多次掩饰、隐瞒犯罪所得、犯罪所得收益或以掩饰、隐瞒犯罪所得、犯罪所得收益为业的；

（2）一年内曾因掩饰、隐瞒犯罪所得、犯罪所得收益行为受过行政处罚的；

（3）曾因掩饰、隐瞒犯罪所得、犯罪所得收益罪受过刑事处罚的；

（4）明知上游犯罪行为较重的；

（5）犯罪对象涉及国家安全、公共安全或重大公众利益的；

（6）其他可以从重处罚的情形。

4. 掩饰、隐瞒犯罪所得及其产生的收益行为符合《最高人民法院〈关于审理掩饰、隐瞒犯罪所得、犯罪所得收益刑事案件适用法律若干问题的解释〉》第一条的规定，认罪、悔罪并退赃、退赔，且具有下列情形之一的，可以认定为犯罪情节轻微，免予刑事处罚；确有必要判处刑罚的，可以减少基准刑的20%－50%：

（1）具有法定从宽处罚情节的；

（2）为近亲属掩饰、隐瞒犯罪所得及其产生的收益，且系初犯、偶犯的；

（3）有其他情节轻微情形的。

行为人为自用而掩饰、隐瞒犯罪所得，财物价值刚达到6000元标准，认罪、悔罪并退赃、退赔的，一般可不认为是犯罪；确有必要追究刑事责任的，可以减少基准刑的20%－60%。

（十五）走私、贩卖、运输、制造毒品罪

1. 走私、贩卖、运输、制造毒品犯罪，在下列相应的刑罚幅度内确定量刑起点：

（1）具有《刑法》第三百四十七条第二款规定的五种情形之一的，量刑起点为有期徒刑十五年。依法应当判处无期徒刑以上刑罚的除外。

（2）走私、贩卖、运输、制造鸦片二百克、海洛因或者甲基苯丙胺十克或者其他毒品达到数量较大起点的，在七年至八年有期徒刑幅度内确定量刑起点。

（3）走私、贩卖、运输、制造毒品，具有《最高人民法院〈关于审理毒品犯罪案件适用法律若干问题的解释〉》（以下简称《解释》）第四条规定的下列情形之一的，应当认定为《刑法》第三百四十七条第四款规定的“情节严重”，在三年至四年有期徒刑幅度内确定量刑起点：

①向多人贩卖毒品或者多次走私、贩卖、运输、制造毒品的；

②在戒毒场所、监管场所贩卖毒品的；

③向在校学生贩卖毒品的；

④组织、利用残疾人、严重疾病患者、怀孕或者正在哺乳自己婴儿的妇女走私、贩卖、运输、制造毒品的；

⑤国家工作人员走私、贩卖、运输、制造毒品的；

⑥其他情节严重的情形。

（4）走私、贩卖、运输、制造鸦片四十克以下、海洛因或者甲基苯丙胺二克以下或者其他相当数量毒品的，在三个月拘役至九个月有期徒刑幅度内确定量刑起点。

2. 在量刑起点的基础上，根据毒品犯罪次数、人次、毒品数量等其他影响犯罪构成的犯罪事实增加刑罚量，确定基准刑：

（1）海洛因、甲基苯丙胺十克以上不满五十克的，每增加五克，增加一年刑期确定基准刑；二克以上不满十克的，每增加一克，增加四个月刑期确定基准刑；情节严重的，每增加一克，增加五个月刑期确定基准刑，每增加一人、一次或者一种情节严重情形的，增加六个月刑期确定基准刑。

（2）鸦片二百克以上不满一千克的，每增加一百克，增加一年刑期确定基准刑；四十克以上不满二百克的，每增加二十克，增加四个月刑期确定基准刑；情节严重的，每增加二十克，增加五个月刑期确定基准刑，每增加一人、一次或者一种情节严重情形的，增加六个月刑期确定基准刑。

（3）其他可以增加刑罚量的情形。

3. 走私、贩卖、运输、制造其他毒品的，按比例折算为海洛因的数量后，根据前述规定确定量刑起点和基准刑。涉及两种以上毒品的，可将不同种类的毒品分别折算为海洛因的数量，以折算后累加的毒品总量作为量刑的依据。

4. 有下列情形之一的，增加基准刑的10－30%，但已认定为“情节严重”的除外；同时具有两种以上情形的，累计不得超过基准刑的100%：

（1）具有《解释》第四条规定情形之一的；

（2）组织、利用、教唆未成年人走私、贩卖、运输、制造毒品的；

（3）向未成年人出售毒品的；

（4）毒品再犯；

（5）其他可以从重处罚的情形。

5. 有下列情形之一的，可以减少基准刑的30%以下：

（1）受雇运输毒品的；

（2）有证据证明毒品含量明显偏低的；

（3）存在数量引诱情形的；

（4）其他可以从轻处罚的情形。

五、附则

1. 本细则适用于上列十五种判处有期徒刑、拘役的刑事案件。其他判处有期徒刑、拘役的案件，可以参照量刑的指导原则、基本方法和常见量刑情节的适用规范量刑。

2. 本细则所称以上、以下，均包括本数。

3. 新颁布的法律、司法解释与本细则不一致的，适用新颁布的法律、司法解释。

4. 本细则自发布之日起施行，原《江苏省高级人民法院〈关于常见犯罪的量刑指导意见〉实施细则》同时废止。

[司法实务问题研究]

涉微信系列犯罪案件的实证调查

——以国内某中心城市某城区法院受理的相关案件为视角

周征远*

微信让生活更加丰富多彩，它为陌生人之间提供了一个认识与交流的平台，使得人与人之间的距离更近，互动更加方便，然而事物都有两面性，在微信给生活带来快乐的同时，也潜藏着诸多危机。微信提供公众平台、朋友圈、消息推送等功能，用户可以通过“摇一摇”“搜索号码”“附近的人”、扫二维码方式添加好友和关注公众平台，同时微信将内容分享给好友以及将用户看到的精彩内容分享到微信朋友圈，能够通过 GPS 定位查找附近近千米之内使用微信的用户，这些功能对用户而言有其独特的吸引力，用户往往即时接受对方的见面邀请，而在随后的见面中，潜伏着种种犯罪危机。微信在拉近人与人之间距离的同时，也成为犯罪分子实施违法犯罪的便利工具。微信犯罪作为电子网络类的新型犯罪，正在呈现蔓延趋势，应当引起社会和有关部门的重视。

样本法院①地处广州中心区域，2015 年辖区常住人口 159.98 万，当年度 GDP 总值 1422.33 亿元，辖区经济较为发达，刑事案件法院立案数年均在 1700－1800 件左右，新类型犯罪较多。对研究微信犯罪这一电子网络类的新型犯罪有一定典型意义。

* 作者单位：广州市海珠区法院。

① 样本法院为广州市海珠区人民法院。

一、微信犯罪的特点

微信犯罪一般是指利用微信作为犯罪工具实施犯罪。限于资料来源的局限性，本文仅以国内某中心城市城区基层法院一审法院审理阶段的相关数据情况予以分析。从2012年至2016年，样本法院审理的涉微信犯罪的情况分析来看，反映出微信犯罪主要有五大特点。

（一）案件数量持续增长，犯罪活动有愈演愈烈之势

附表一：微信犯罪案件数量示意图

样本	2012年	2013年	2014年	2015年	2016年
一审受理刑事案件	1811件	1615件	1550件	1766件	1715件
微信犯罪案件	3件3人	5件6人	11件33人	21件42人	62件70人

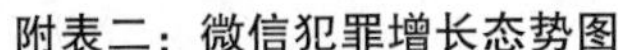

附表二：微信犯罪增长态势图

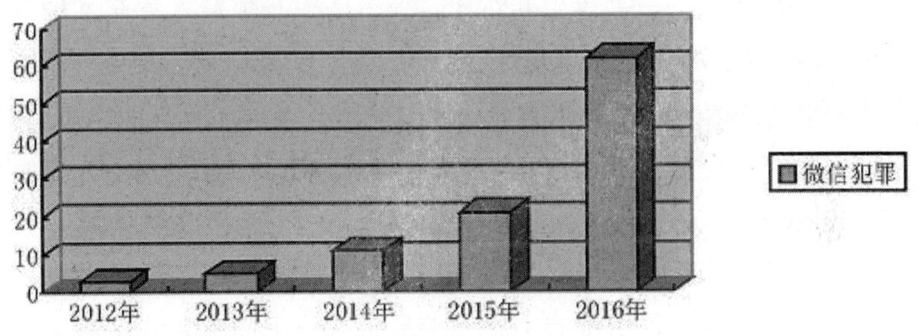

从附表一及附表二可以看出，在调查的样本法院2012至2016年全部一审的8527件刑事案件中，微信犯罪案件共计102件，占全部刑事案件总数的1.19%；从2012年至今，微信犯罪呈逐年增长趋势，2016年相比2012年案件数增长了二十倍。司法实践中，微信犯罪呈现总量较少但增长幅度较大的态势。

（二）犯罪模式多为个人，共同犯罪有所体现

就当前司法实践而言，微信犯罪主要以个人单独作案为主，但是以微信为手段的共同犯罪团伙正在形成。例如，在样本法院审结的“酒托”诈骗团伙，该团伙由女性犯罪分子充当托儿，以实施消费诈骗为目的，采购低价酒水，标以高价，通过发布虚假信息，利用被害人的心理弱点诱骗至其预先联络好的地

点消费，微信即是该团伙的主要联络手段及物色犯罪对象的主要工具。

（三）犯罪人员学历层次普遍较低，有族群化、职业化情况出现

附表三：微信犯罪分子学历示意图

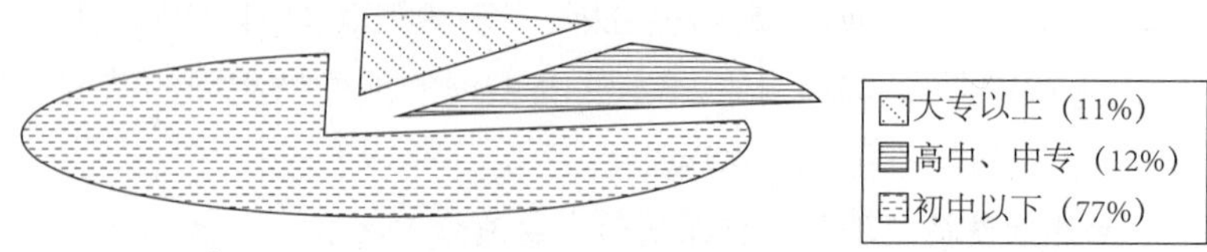

附表三显示样本法院审理的全部涉微信犯罪分子154人，初中以下学历有119人，占全部涉微信犯罪分子的近八成，这也在另一个层面说明微信已受到社会的高度认可，多数民众已将其视为主要联系手段的社会现象；另在受理的三个犯罪团伙中，犯罪分子均为同一地域，已有一定的职业化倾向。

（四）犯罪类型多以侵财或侵犯公民人身权利的诈骗、盗窃、强奸等案件为主

司法实践中，利用微信实施的犯罪表现形式虽然多样，但通常分为“摇、骗、约、干”四步。摇，是犯罪分子利用微信“摇一摇”手机，查看周边1000米内的微信用户，锁定犯罪对象。骗，是犯罪嫌疑人冒充某种身份，配合一定手段，达到骗取被害人信任的目的。约，犯罪嫌疑人根据交流的情况提出见面要求，并选择较为偏僻的宾馆、出租屋、娱乐场所等地作为见面地点。干，是犯罪嫌疑人着手实施犯罪。被害人欣然赴约后，犯罪嫌疑人或偷或抢或骗或奸或招嫖。

主要表现为以下几种：

（1）实施诈骗。利用微信实施诈骗是犯罪分子最主要的作案手段，主要有以下形式：一是以借用手机为名实施诈骗。犯罪分子通过微信认识被害人，以借用手机为名骗走被害人手机。二是通过窃取微信号实施诈骗。犯罪分子通过一定手段窃取用户微信号，然后冒充该微信号用户向其亲属发微信借钱，达到诈骗钱财的目的。三是以代购产品或做生意为名实施诈骗。犯罪嫌疑人通过微信认识被害人，自称可以帮被害人购买某产品，骗取被害人财物。四是利用微信实施“酒托”等类似诈骗活动。

例如样本法院审结的“酒托”特大诈骗团伙案件。2012年4月起，为谋取非法利益，被告人杨海林、姜连章、梁达雄及李日超（另案处理）等人经商议，开设广州市海珠区拉图壹陆壹酒庄，逐步形成了以上述人员为首要分子

的犯罪集团。该犯罪集团以实施消费诈骗为目的，采购低价酒水，标以高价，通过微信等网络渠道发布虚假信息，利用被害人的心理弱点诱骗至上述地点消费。该犯罪集团成员众多、层次分明、分工明确，被告人罗泽锋担任拉图161红酒汇法人代表，被告人杨海玲、罗伟坤担任收银员，并招揽“托头”，成立相应酒托小组，下有“键盘手”“传号手”“服务员”“保安员”“酒托女”等人员，其中“键盘手”负责在网络上借助微信等方式假冒女性以“交朋友”“一夜情”等吸引男性，继而获取其信息资料；“传号手”负责将“键盘手”获取的信息资料发送给“酒托女”；“服务员”负责在上述地点专门为本组“酒托女”服务；“保安员”负责保护“酒托女”的人身安全及保证消费诈骗的顺利实施；“酒托女”负责以“键盘手”虚构出的女性身份直接诱骗男性到上述地点进行消费。该犯罪集团纪律严明，制定规章制度对消费诈骗行为进行规范，并以A、B、C、D、E、F、K、Q、S、T、X、Y、W等字母对众多酒托小组加以标明区分，实行分组管理。该犯罪集团有明确固定的利益分配方案，首要分子分得消费诈骗金额的26%，“托头”及其酒托小组分得74%，并在酒托小组内进行再分配。该犯罪集团形成之后，欺行霸市，疯狂实施消费诈骗犯罪，累计诈骗金额在人民币1917646元以上。①

例如被告人苏某广于2014年11月开始，伙同同案人通过在微信圈上发布免费赠送宠物的虚假信息，然后利用微信聊天，冒充送宠物人员、物流客服人员等身份，利用微信转转账后拉黑的方式，骗取被害人运费、押金等费用。

（2）实施盗窃。此类案件中，被告人通过微信在向不特定被害人发布虚假信息甚至是病毒链接，骗取不特定被害人后利用获取的被害人信息盗取钱财。

2014年12月，被告人姜士星、何振喜经密谋后购买微信号、大量模拟手机号利用微信外挂软件、黑客软件开始通过微信圈、手机短信等网络方式发送“相册.APK”木马病毒下载安装链接到广州市、惠州市、成都市、重庆市、泉州市、莆田市等地的用户手机上或发送链接到用户个人微信上，骗取用户点击安装。之后，被告人姜士星、何振喜利用木马病毒程序盗取中木马病毒手机用户的姓名、身份证号码、银行卡号及银行绑定的手机号等信息，然后利用网上支付的方式盗刷用户的银行卡购物。2015年2月11日和16日，被告人姜士星、何振喜分别盗刷了被害人游学明银行卡的人民币1798元、被害人黄建国银行卡的人民币2999元，共计4797元，用于购买手机和平板电脑。购回的手

① 参见广州市海珠区人民法院（2012）穗海法刑初字第1246号刑事判决书。

机和平板电脑由被告人何振喜安排人在广州接货，之后再由被告人何振喜转发到安徽合肥给被告人姜士星处理。①

（3）实施抢劫或敲诈勒索。此类案件中，被告人通过微信搭讪、结识事主，通过手机聊天逐渐骗取事主的好感和信任后，将事主约至指定地点见面，伺机进行抢劫、抢夺等违法犯罪活动。

（4）实施强奸或猥亵侮辱。此类案件中，被告人多是通过微信查找到附近使用微信的女用户，主动要求加入好友。然后，相约一起吃饭或称到某宾馆取东西或开个房间休息，从而实施强奸。

例如被告人林某伟强奸案。该被告人于2014年1月通过微信认识被害人陆某华。2014年2月14日23时许，被告人林培伟与陆某华等四人在海珠区琶堤酒吧街喝酒，至次日凌晨2时许离开时被害人陆某华有醉酒表现。15日凌晨3时许，被告人林培伟将被害人陆某华带至某宾馆201房内，乘陆某华当时处于醉酒之机与其发生性关系。15日9时许，被告人林培伟睡醒后发现被害人陆某华一直未醒，遂拨打120急救电话，医务人员到达现场发现被害人陆某华已经死亡（经鉴定，死因为酒精重度中毒）。②

（5）通过微信招嫖卖淫。微信招嫖账号通过发布色情信息从事非法色情活动。例如样本法院受理的被告人万志勇团伙组织卖淫案，该团伙主犯万志勇、万中意等人安排被告人金余、曾勇等人作为网聊人员通过微信、QQ网发布信息招揽嫖客，被告人李智星等人负责以假身份在不同酒店为卖淫女开房间，被告人李启奎等人则负责在卖淫女招嫖的酒店看场，形成分工明确的犯罪团伙，团伙成员之间通过建立的微信群互相联系，在长达半年时间内牟取了巨额不法利益。

（五）犯罪成本低，收益及成功率高

微信具有成本低、风险小、成功率高的特点，犯罪分子只要在微信上花言巧语骗取被害人的信任后，将被害人邀请出来见面，就可以伺机实施犯罪行为，且可以对不特定数量的对象实施犯罪。在微信上，犯罪人可以使用化名等方式方法，实施犯罪后也不容易或者说很难被发现，犯罪的风险小，成本低，公安机关也很难破案。再加上被害人缺少防范意识。因此，微信犯罪的成功率较一般犯罪高。

① 参见（2016）粤0105刑初字第359号案。

② 参见广州市海珠区人民法院（2014）穗海法刑初字第1128号刑事判决书。

二、微信犯罪发生原因分析

微信犯罪作为一种利用新通信服务平台衍生的新类型犯罪，是科学与技术发展下的一种正常社会现象。微信作为时下最热门的社交信息平台，不能因为一些利用微信作为犯罪工具的案件出现就否定它的价值和存在意义，就微信犯罪的发生原因而言，结合司法实践，笔者认为主要有以下几个方面的原因：

（一）微信本身的特点

具体表现为：（1）微信强大的社交功能使得犯罪分子能快捷便利的物色的作案对象。微信的“摇一摇”“附近的人”“漂流瓶”“雷达”等功能，拉近了陌生人之间的距离，犯罪分子可以轻易匹配到用户，查看对方的身份信息，广泛发送交友请求，从中挑选容易受害的人群实施犯罪。

（2）微信注册设置虚拟性使得犯罪难以被发现。由于微信采用的是非实名制，普通公民都可以通过手机号、登录QQ和邮箱注册微信。当前很多用户都拥有多个邮箱，且一天可以注册三个QQ号，一个人使用多个微信账号较为常见。因此，对于陌生人发来的交友请求及身份信息需要用户自己甄别，部分用户容易轻信他人或是本身就有不良企图的极容易上当，而犯罪分子则很容易便可利用多个非其实名的微信账号实施犯罪，大大加大了侦破的难度。

（3）微信终端相对唯一性提高了犯罪的成功率。移动端与PC端的社交有一个本质区别，前者是一种身份识别，即每台终端（如手机）代表一位用户的身份，而PC端上可能拥有多个用户。因此，相比QQ而言，用户对微信的警惕性要低得多，一般对其微信好友的信任度较高。

（二）外部难以有效监管

从技术层面而言，监管的缺失表现为：一是微信缺乏安全认证，难以保护个人信息。使用微信的“摇一摇”“漂流瓶”“和陌生人说话”“查找附近的人”“雷达”等功能，用户不需要认证就能看到其他用户的信息，不利于个人信息保护。二是非法信息容易被放任，网络安全维护难。一个账号或邮箱可以注册多个账户，要用户填写手机号、邮箱、QQ号码等信息中的任意一项即可，而该类信息的真实性往往难以保证。三是对SIM卡的监管不到位。由于之前犯罪分子无需登记身份证信息即可购买SIM卡，作案后即将SIM卡以及手机销毁，导致犯罪隐蔽，打击困难。

从打防的层面而言，监管的不健全表现为：一是案件线索来源过于脆弱。该类犯罪的发现过分依赖于被害人提供的有效线索，而犯罪的发生一定程度上与被害人的“贪图小便宜”或者“虚荣心过强”密不可分，因此案发后，部分被害人通常选择沉默。当犯罪分子被抓获时，前罪的相关证据多数已被破坏。二是电子证据制度不完善。修改后的《中华人民共和国刑事诉讼法》明确将电子证据作为法定证据之一，但规定过于原则，对于电子证据的收集、保全等问题未做具体的程序设计，可操作性不强。微信犯罪的证据多为电子证据，一旦犯罪分子的微信注册信息以及聊天记录等电子证据被销毁后，如何恢复以及固定，缺乏明确的法律操作依据。

（三）被害人自身因素

德国犯罪学家汉斯·冯·亨梯认为“在许多情况下被害人使坏人受到了诱惑”，① 这在一定意义上说明了犯罪行为的发生是加害人与被害人互动的结果。被害人与加害人之间互动的关系，这是一个必须正视的客观问题。在犯罪过程中，被害人无论处于何种状态，他与加害人之间的关系并不是静止不动的，而是始终相互影响和相互作用的。甚至被害人也被包容在加害人形成犯罪动机的主观过程之中，被害人也许自觉或不自觉地在犯罪的中立化和合理化的过程起了重要作用。以微信犯罪为例，微信犯罪对象大多数为女性，少部分为男性被害人。女性被害人分为两种，一种是年轻的涉世未深的女性，一种是中年女性。年轻的涉世未深的女性极容易被微信上一些虚假的信息所蒙骗，以致称为犯罪分子的作案对象；而这些中年女性大多由于家庭、婚姻、心理等原因，借助微信的“和陌生人说话”的功能，满足内心空虚、寂寞的心理状态。这些中年女性虽然预见见面会发生危险，但是在这种心理驱使下，仍会“单刀赴会”，为犯罪提供了时机。当然也有针对男性被害人的犯罪活动，犯罪分子通过虚假或真实提供“性服务”为由，邀请男性被害人见面，进而在见面中实施盗窃、抢劫、敲诈勒索等犯罪行为。

三、微信犯罪的控制策略

微信犯罪因违反国家法律规定而称为一个法律问题，但根本上却是一个社会难题，要解决这个难题，需要从多个方面认真思索，对微信犯罪实施控制。

（一）微信犯罪的法律成本控制策略

针对微信犯罪的状况，加大微信犯罪的预期成本，增强刑罚的“威胁效

① Han Von Henting, The Criminal and His Victim, studies in Sociology of Crime, Wadsworth Publishing Company 1941, P384。

应”。波斯纳认为刑法的功能是对犯罪行为课以额外成本，因为对于犯罪分子而言，只有犯罪的预期利润超过了预期的成本，他才会实施该犯罪。[①] 近年来微信犯罪愈演愈烈难以控制，如前文分析，主要是因为刑罚不重，没有形成刑罚的“威慑效应”。就微信犯罪而言，对利用微信工具实施的犯罪，现有的规定并没有将其作为特殊或者加重情节予以处理，难以对犯罪分子形成较大的“威慑”。笔者认为应在微信犯罪多涉及的抢劫、敲诈勒索、组织卖淫、强奸等罪名中将利用微信等现代科技手段对不特定多人实施的犯罪作为从重情节在处罚时从重，同时具体界定电子证据的类别，将微信聊天记录等这些电子数据的证据保全、认定、采纳标准等予以明确界定，便于实务部门操作。近期，国内媒体报道我国将出台《个人信息法》就是一个利好的消息。

（二）微信犯罪的社会控制方法

从社会监管层面上：一是尽快落实“微信后台实名制”，要求用户通过实名或者记载个人身份信息的SIM卡注册使用微信，妥善保管好用户注册信息。设置用户信用等级或者黑名单系统，对利用微信实施不端行为的用户禁止或限制使用，可能构成违法犯罪的及时移送相关部门。二是行业协会、行政主管部门以及司法机关要建立快速反应机制，增强信息共享、案件移送意识。三是加大对SIM卡买卖市场的监管力度，普及SIM卡的使用与身份证信息的相互绑定，加大对“野卡”和“黑卡”的打击力度。

从个体防范层面上，一是组织相关职能部门加强对新型犯罪的研究和学习。要组织职能部门干警加强学习，密切关注各类信息化技术发展动向及由此引发的违法犯罪新情况、新问题，及时进行分析研究、及早落实防范应对措施。二是扩大警示宣传范围，加强微信用户的防范和自我保护观念。多角度开展预警防范宣传，引导用户理性使用微信，避免随意通过微信公开个人私密信息，慎重过滤微信好友名单，对于结识不久、缺乏深入了解的人的见面邀请提高防范。尤其要针对此类案件的重点受害群体，通过媒体、网上公安、微博等信息化途径，及时通报典型案例、规律特点，增强用户的安全防范意识，提醒他们用微信交友时要提高警惕，避免人身安全和财产受到不法侵害。

① 叶显群：《波斯纳对法律的经济分析》，载《贵州社会科学》2007年第1期。

[新类型疑难案例选评]

深圳中汇盈信基金管理有限公司非法吸收公众存款案

莫　丹*

【裁判要旨】

本案被告以定期给予高额回报为由非法向公众及社会不特定对象吸收资金，应以非法吸收公众存款罪论处。

【案情简介】

公诉机关：广州市天河区人民检察院

被告人：深圳中汇盈信基金管理有限公司、卢峰、杨兵、张同丰、杨军、余晓生、孙海涌、张添吾、黄丽明、聂春芳、张爱华、陈小燕、甘苹、廖晓英。

天河区人民法院经审理查明：2012 年 10 月 30 日，被告单位深圳中汇盈信基金管理有限公司（以下简称中汇盈信公司）在广东省深圳市注册成立，以本市天河区华穗路“汇美大厦”2801 室为实际经营地点，法定代表人为卢峰，发起股东为卢峰、杨军，后变更为卢峰、深圳中汇盈信投资管理有限公司，经营范围受托管理股权投资基金（法律、行政法规、国务院决定禁止的项目除

* 作者单位：广州市天河区人民法院。

外，限制的项目必须取得许可后方可经营）；股权投资、投资管理（不含证券、期货、保险及其他金融业务）等。2012 年 11 月 12 日，深圳中汇盈信进取九号合伙投资企业（有限合伙，以下简称进取九号企业）被批准设立，合伙人为杨军、卢峰。2013 年 8 月 28 日变更为合伙人为卢峰、陈泽良、中汇盈信公司、杨军。

自 2013 年 5、6 月份以来，中汇盈信公司、进取九号企业在未取得相关银行、证券监督管理部门授权及许可的情况下，打着投资进取九号理财产品即可成为进取九号企业合伙人，并可获得 7% –14% 年化利率高额回报的旗号，以具有良好投资前景以及纵横天地公司及其关联公司承诺用位于本市天河区柯木塱的土地等进行抵押为由，先后以一期、二期、三期的形式不间断向社会不特定公众吸收投资款金额共计人民币 774918500 元，涉及万卓越等被害人共计 312 人次。上述投资款经由进取九号企业名下的银行账户转入纵横天地公司名下的银行账户，期间该纵横天地公司名下的银行账户将部分款项返还进取九号企业名下的银行账户部分用以兑付到期本息，并以支付咨询费名义将投资款 24% 作为年化收益返还给中汇盈信公司名下的银行账户。期间，被告人卢峰作为公司负责人，先后纠集被告人杨兵、张同丰、杨军、余晓生等人作为公司的管理团队以及被告人孙海涌、张添吾、黄丽明等销售渠道人员进行经营和招揽客户投资，同时还招聘、雇请了被告人聂春芳、张爱华、陈小燕、甘苹、廖晓英等财务及行政文职人员协助公司团队运作。

2014 年 8、9 月，因纵横天地公司经营陷入困境，进取九号企业项目无法兑付的到期投资款高达人民币数亿元，致使本案案发。2014 年 9 月 25 日，被害人至中汇盈信公司实际经营地点主张权利，被告人黄丽明向公安机关报案，被告人张爱华、陈小燕、甘苹、廖晓英等人在该公司等待民警到场处理。民警到场后，被告人卢峰、张同丰、杨军、余晓生、孙海涌、张添吾经被告人张爱华、廖晓英等人电话通知后回到公司接受处理。同年 9 月 29 日，被告人杨兵向公安机关投案，同年 10 月 8 日，被告人聂春芳向公安机关投案。

【审理结果】

天河区人民法院于 2016 年 9 月 12 日作出（2015）穗天法刑初字第 01279 号判决：

一、判处被告单位深圳中汇盈信基金管理有限公司犯非法吸收公众存款罪，判处罚金人民币四十万元。

二、判处被告人卢峰等人有期徒刑八年至一年十一月不等，并处罚金人民币二十万元至二万元不等。三、追缴本案违法所得，发还各被害人；不足以弥补的损失部分，责令各被告人退赔。

一审宣判后，被告人卢峰、杨兵、杨军、余晓生、孙海涌、黄丽明、聂春芳、张爱华、陈小燕、甘苹、廖晓英不服，向广州市中级人民法院提起上诉。

广州市中级人民法院于2017年3月20日作出（2017）粤01刑终2028号刑事裁定：驳回上诉，维持原判。

【裁判理由】

天河法院的生效裁判认为，本案的争议焦点是：一、本案的定性问题。二、犯罪数额问题。

一、本案的定性：被告单位以成立“有限合伙企业”的名义，实为变相非法吸收公众存款

现有证据可证实深圳中汇盈信公司、进取九号企业在2013年6月开始，在没有得到银监会、证监会等监管部门的批准的情况下，以投资认购进取九号企业的基金即可成为该企业合伙人，并可获得投资额的7%－14%的年化利息并兑付到期本息的名义，通过理财中介、银行及相关人员等社会渠道对外进行宣传推广，面向不特定公众吸收投资款，但没有规定和限制投资者的身份，投资后均未进行相关合伙人的变更登记，也未向有关部门进行备案，且投资人数也远超过了法律对有限合伙企业所规定的上限，故可认定进取九号企业项目名为合伙投资，实为中汇盈信公司变相非法吸收资金的幌子。综上，中汇盈信公司以定期给予高额回报为由非法向公众及社会不特定对象吸收资金，应以非法吸收公众存款罪论处。

二、关于本案犯罪数额的认定

1. 综合认定被害人人数及诈骗资金数额

本案的《审计报告》显示，被告单位共吸收投资款770，618，500.00元（未包含追加起诉的被害人黄俊贺、陈丽、郑国钦、吴瑞文、尹灿辉的投资金额共计430万元）等金额，是审计机构依据涉案的合同、协议及相关资料依法做出，并有接受投资方的证人王美丽的证言，以及可证实从进取九号企业投资账户流转到纵横天地公司专用账户的投资款项超过8亿元的银行账户往来明细印证。关于公诉机关指控本案非法吸收公众存款的金额共计860957000元，涉及人次共计343人的意见。经查，穗天检刑追诉［2016］6号补充起诉决定书中除了被害人陈丽、郑国钦、吴瑞文、黄俊贺的报案金额300万元、穗天检刑追诉［2016］13号补充起诉决定书中除了被害人尹灿辉的报案金额130万元外，其余被害人的报案金额均已经计算在穗天检刑诉［2015］第1176号起诉书的指控金额内，对于该部分重复计算的金额和人次依法应予以剔除，本院依法认定本案非法吸收投资款金额共计为人民币774918500元，涉及投资人共计312人次。

2. 重复投资的金额可以纳入犯罪金额

经查，非法吸收公众存款的行为，侵犯了金融管理秩序，其未经准许吸纳的款项总额可直观反映其经营的规模和资金流量情况，反映该行为社会危害性的罪量要素，并且金钱是种类物，具有流通性和替换性，现有证据无法甄别和确定本案重复投资的具体情况，依据《最高人民法院关于审理非法集资刑事案件具体应用法律若干问题的解释》第三条的规定，非法吸收或者变相吸收公众存款的数额，以行为人所吸收的资金全额计算，故辩护人的抗辩意见不影响本院对《审计报告》所确认的金额的采信，但考虑到本案确实存在同一个被害人多期进行投资的情况，从造成损失的角度来评价，本案的危害性也确实低于其他单次投资的情况，在量刑时可以予以从轻考量。

3. 不应以无法兑付的实际损失数额来计算犯罪数额

案件审理过程中，有辩护人提出以无法兑付的实际损失数额来计算犯罪数额的意见，则混淆了非法吸收公众存款行为和集资诈骗等非法占有财物行为的特征和概念，本院不予采纳。

［评析］

金融创新与犯罪的区分边界

在金融创新活跃的时代背景下，公众为了让持有的资产保值增值，选择金融产品的意愿越来越强烈，但由于金融产品不断更新，法律性质模糊不清，加之犯罪分子各种名目的包装，导致违法行为不易察觉，因此，在辨别此类犯罪行为时，需要辨识其名义行为的真实性和合法性。在确定行为的性质时，应把握非法集资犯罪的本质：未经批准、公开性及资本的回报性。与此同时，还应关注金融创新与违法犯罪行为的边界，如日益成为热点的P2P金融平台，明确其定性并规范其发展。

一、被告单位中汇盈信公司的行为定性及犯罪数额的认定

本案中，被告单位中汇盈信公司以成立进取九号合伙企业、公开宣传投资者出资即可成为合伙人为名义向公众集资，但进取九号企业的工商登记信息显示其合伙人为卢峰、陈泽良及中汇盈信公司，并未将投资者登记为企业合伙人。另一方面，被告单位向累计向312名投资者吸收投资款，其数量已经远超过了合伙企业法规定的50人的上限，故其以成立有限合伙企业为名实为掩饰其非法吸收公众存款的非法目的。

在犯罪数额的认定方面，本案也有其鲜明特点，一是金额巨大，涉案金额高达人民币774918500元，是本院受理的金额最大的非法集资案件。二是本案的资金流向明确，本案证据证实，被告单位中汇盈信公司吸收的投资款经由进取九号企业名下账户转入纵横天地公司名下专用账户，即被害人的款项最终流向纵横天地公司。在此情况下，根据能够确定的投资数额认定犯罪数额，而非仅根据被害人的报案金额确定犯罪数额将更为合理。首先，在实践中，非法集资类案件普遍存在一些被害人因路途遥远、未掌握案件相关信息或者对损失的追偿不抱希望而未报案的情况，因而不可避免地存在犯罪数额及被害人的遗漏，并由此影响部分被害人后期进行权益维护，采用可以确定的投资金额确定犯罪金额有利于更全面地保护受害人。其次，根据投资数额认定犯罪数额更全面、真实地反映了被告单位行为的社会危害性。非法吸收公众存款罪主要侵犯了国家的金融秩序，影响国家由此实现宏观调控、保证社会资金流向和公众的合法利益的目的，而金融活动主要表现为资金的流动，因此资金流动量是反映犯罪行为对金融秩序的扰乱程度的量化标准之一，在一定程度上体现了对金融活动影响的深度和广度。具体到本案，经由进取九号企业名下账户转入纵横天地公司名下专用账户的资金均为被害人的投资款，该资金流量更全面、直接地反映了被告单位吸收公众存款的数额，据此确定犯罪数额真实地反映了其行为的社会危害性。

二、企业从事公开发行、募集基金的资质问题

在本案审理过程中，部分辩护人提出中汇盈信公司的经营范围就包括受托管理股权投资基金、股权投资、投资管理（不含证券、期货、保险及其他金融业务）等内容，公司只是在实际操作中其行为逐渐转换为非法吸收公众存款。被害人亦陈述因了解到企业经过合法的工商登记，且经营范围就包括受托管理股权投资基金、股权投资、投资管理等内容，对企业产生信任故而进行投资。

我国对作为基金管理人从事基金业务的企业有相应的资质要求及监管制度，工商登记信息中的经营范围不是企业的募集基金资质的证明。根据证券投资基金法的规定，作为公开募集基金的基金管理人的企业应当具备法律规定的最低实缴货币资本数额、法定从业人员人数及相应的任职条件等并经国务院证券监督管理机构批准，此外，公开募集基金时还应当经国务院证券监督管理机构注册，并由商业银行或者其他金融机构担任基金托管人。而私募基金虽不设相关行政审批，但基金只能向达到规定资产规模或者收入水平、并具备相应的风险识别能力和风险承担能力、其基金份额认购金额不低于规定限额的单位和个人募集，认购人数不得超过200人，同时，基金管理人不得通过报刊、电台、电视台、互联网等公众传播媒体或者讲座、报告会、分析会等方式向不特定对象宣传推介该基金。非公开募集基金募集完毕，基金管理人还应向基金行业协会备案，对达到规定标准的基金，基金行业协会应当向国务院证券监督管理机构报告。

本案中，被告单位中汇盈信公司通过其销售渠道公开向社会不特点对象募集资金，人数超过200人，是一种公开募集的行为，根据中国证监会广东监管局出具的广东证监函【2014】850号《关于深圳中汇盈信基金管理有限公司经营基金业务资质的复函》：经查询中国证监会网站，中国证监会未批准深圳中汇盈信为公开募集基金的基金管理人，该公司也未向中国证监会注册为公开募集基金销售机构，故被告单位中汇盈信公司不具备募集基金的资质。另一方面，被告单位虽宣称发行私募产品募集资金，但实际操作中，其募集对象的数量已远超过200人的上限，也未进行必要的合格投资者审查，其行为同样违反了私募基金的相关规定。关于企业的工商登记信息中包括受托管理股权投资基金、股权投资的问题，受托管理股权投资资金与公开发行、募集基金不同，该

类企业可以根据委托管理基金、进行股权投资，但企业一旦公开发行、募集基金必须经过国务院证券监督管理机构批准、注册，即使是发行私募基金，其行为也应严格遵守相关法律规定，否则其行为违法，投资者在核实相关企业的资质时应谨慎审查。

三、P2P 金融平台的法律风险及规制

随着互联网金融的发展，某些法律性质不清的金融创新产品往往成为金融犯罪的重点，却也伴随着行业乱象频发，近期发生的在全国范围内产生重大影响的“e 租宝”非法集资案件即是一例。为规范行业发展，《网络借贷信息中介机构业务活动管理暂行办法》（以下简称“暂行办法”）出台并明确了互联网金融平台的中介性质，规定其职能为向融资方和出资方提供信息交换服务，不得提供增信服务，不得归集资金。

我国的 P2P 金融平台的运营模式主要包括线上和线下两种模式。线上模式是 P2P 平台作为借款人与贷款人的中介机构，一般由第三方支付平台进行资金管理，平台不经手借贷资金，但平台为借款提供各种方式的担保。线下模式即先由 P2P 平台高度关联的第三方先行放款给资金需求者，再由第三方将债权转让给投资者，即先形成债权再进行债权转让。在第一种模式下，P2P 平台作为一种纯粹的信息中介结构，保持了平台的中间性质，但作为信息媒介的提供者，笔者认为，P2P 金融平台仍承担一定的信息审核义务，如通过平台从事借贷活动的双方，应当向平台提供真实的身份信息，平台也应通过必要手段核实双方身份信息的真实性，如对企业核实工商登记信息，要求借款人向平台提交必要的项目资料、投资资金用途说明并采取必要手段核实项目的真实性，对于由第三方提供或者由平台本身提供的担保，平台应当要求担保方提供证明资料并采取必要手段核实担保情况，金融平台自身提供担保的，则应保证担保的真实、合法，在法律规定范围内承担担保责任。此种情况下，如果平台已尽必要的审查义务及对投资项目及借款方相关信息及时披露的义务，且对借款方、提供担保的第三方的违法行为不知情，则平台不应承担法律责任；如果平台未尽合理的审查义务或未尽及时披露相关信息的义务，应当在其过错范围内对给投资者带来的损失承担连带赔偿责任；在借款人存在非法集资行为的情况下，如果平台知晓借款人的行为仍与相关方隐瞒、参与、帮助从事犯罪行为，金融平台的行为也可能涉嫌犯罪。对于第二种线下模式，一般情况下平台也是中立

的，但需要强调的是，先行放款的必须是平台以外的第三方，而不能是平台本身，如果是平台先行放款，再由平台将债权转让给投资者，则将违背平台本身的中立性，即将借款人行为的社会公众性转移给了平台经营者，平台再向投资者转移债权时，成为面向社会公众的集资人，平台与投资者将建立起直接的资金联系，产生资金池，这与《暂行办法》规定的“不得归集资金”的要求相悖。此外，一旦允许平台从事此类活动，平台本身的信息媒介性质会彻底改变，成为向企业放款并向社会公众融资的“准金融机构”，此情形下平台的行为可能涉嫌非法吸收公众存款罪。另外，还应注意的是，因先行放款的第三方与 P2P 平台高度关联，如果双方是母、子公司的情况下，P2P 平台的中立性难以保证，先行放款的第三方如果在债务人发生经营问题或其他债务难以收回而继续回笼资金等情况下，可能出现 P2P 平台通过隐瞒相关信息等手段为其提供虚假的信息媒介服务帮助第三方转移债权，如果第三方与平台以非法占有为目的从事相关行为，两者也可能涉嫌犯罪。

近年来出现的 P2P 网络借贷平台犯罪、将保险产品作为理财产品出售而引发的案件等，法律关系复杂，责任界定模糊，多为涉众纠纷，对此不断翻新的犯罪手段和出现的法律问题，仍需要在实践中不断摸索并总结经验，以更好地促进金融秩序的完善和社会发展。

邹某某销售不符合安全标准的食品案

刘　震*

【裁判要旨】

非法销售河豚鱼及其制品，应认定为销售“属于国家为防控疾病等特殊需要明令禁止生产、销售的食品”。对于此类行为不宜一概入罪，宜从销售金

* 作者单位：福建省高级人民法院。

额、河豚毒素含量、行为后果等方面综合判断行为对法益侵害的危险程度，以区分行政处罚和入罪的界限。

【案情简介】

公诉机关：福建省长乐市人民检察院。

被告人：邹某某，住福建省长乐市。

福建省长乐市人民法院审理查明：被告人邹某某系经营干货的个体户。2014 年 12 月，邹某某在其经营的摊位，将 2.4 公斤河豚鱼干以人民币 240 元销售给陈某某。当晚，陈某某之母李某某食用上述鱼干后，出现呕吐、头晕、乏力及四肢、口周麻木等症状，被送医救治。医院对其诊断为“头晕、四肢乏力麻木待查：河豚鱼中毒？低钠血症”，并进行导泻、通便、补液、保护肝肾功能、营养神经等处理后，李某某于次日病愈出院。案发后，邹某某赔偿李某某经济损失人民币 20000 元，双方并达成谅解协议。由于李某某排泄物、胃存物、呕吐物均灭失，导致无法对其是否系食用河豚鱼干中毒进行鉴定。经检验，吃剩河豚鱼干河豚毒素含量为 22.9mg/kg。

【审判结果】

福建省长乐市人民法院于 2017 年 4 月 28 日作出（2016）闽 0182 刑初 88 号刑事判决：邹某某构成销售不符合安全标准的食品罪，免予刑事处罚。一审判决后，被告人邹某某未提出上诉，公诉机关亦未提出抗诉，一审判决已发生法律效力。

【裁判理由】

福建省长乐市人民法院审理认为：河豚鱼及其制品含有河豚毒素，食品安全风险较大，国家食品药品监督管理部门相关文件明确规定，其属于国家为防控疾病等特殊需要明令禁止生产、销售的食品。被告人某某明知国家禁售规定，仍违法销售含有河豚毒素的河豚鱼干，足以造成严重食物中毒事故或者其他严重食源性疾病，其行为构成销售不符合安全标准的食品罪。邹某某到案后如实供述自己的罪行，且案发后积极赔偿李某某的积经济损失，并取得其谅解，综合考虑邹某某犯罪性质、事实、情节及社会危害程度，认为其犯罪情节轻微不需要判处刑罚。据此，依照刑法第一百四十三条、第六十七条第三款、

第三十七条及《最高人民法院、最高人民检察院关于办理危害食品安全刑事案件适用法律若干问题的解释》（以下简称《解释》）第一条第三项之规定，长乐市人民法院作出上述判决。

［评析］

对非法销售河豚鱼行为的定性

本案争议焦点有两个：一是邹某某的行为是否满足生产、销售不符合安全标准的食品罪“足以造成严重食物中毒事故或者其他严重食源性疾病”这一法定危险要件；二是对邹某某的行为是行政处罚还是入罪处理。

一、非法经营河豚鱼的行为是否满足生产、销售不符合安全标准的食品罪所要求的危险要件

根据刑法第一百四十三条关于生产、销售不符合安全标准的食品罪的相关规定，成立该罪首先要满足“足以造成严重食物中毒事故或者其他严重食源性疾病”这一法定危险要件。对邹某某的行为是否满足上述要件，形成两种意见：

第一种意见认为，在案证据无法认定邹某某的行为“足以造成严重食物中毒事故或者其他严重食源性疾病”。具体理由为：(1) 医院对李某某的诊断意见为“河豚鱼中毒？低钠血症”，无法确认其中毒症状系食用涉案河豚鱼干所导致。(2) 在案检验报告仅载明涉案河豚鱼干河豚毒素含量为22.9mg/kg，并未就是否足以“造成严重食物中毒事故或者其他严重食源性疾病”出具认定意见。(3) 根据《解释》第一条第三项之规定，生产、销售属于国家为防控疾病等特殊需要明令禁止生产、销售的食品，应当认定“足以造成严重食物中毒事故或者其他严重食源性疾病”，但将河豚鱼认定为上述食品的依据不足。

第二种意见认为，邹某某所售河豚鱼干属于国家为防控疾病等特殊需要明令禁止生产、销售的食品，应当认定为“足以造成严重食物中毒事故或者其他严重食源性疾病”。

笔者同意后一种意见，具体分析如下：

（一）生产、销售属于国家为防控疾病等特殊需要明令禁止生产、销售的食品，应当认定为“足以造成严重食物中毒事故或者其他严重食源性疾病”

为便于实践操作，《解释》基于危害食品安全刑事案件的特点，转换了生产、销售不符合安全标准的食品罪的认定思路，采取列举的方式将实践中具有高度危险的一些典型情形予以类型化，将一个原本属于个案认定的问题置换为一个规则认定问题，明确只要具有所列情形之一的，即可直接认定为“足以造成严重食物中毒事故或者其他严重食源性疾病”，从而有效实现了证据事实与待证事实之间的对接。《解释》第一条规定，“生产、销售不符合食品安全标准的食品，具有下列情形之一的，应当认定为刑法第一百四十三条规定的‘足以造成严重食物中毒事故或者其他严重食源性疾病’：……（三）属于国家为防控疾病等特殊需要明令禁止生产、销售的。……”本案中，虽然根据医院诊断意见及在案河豚鱼干的检验报告，无法直接认定涉案河豚鱼干足以“造成严重食物中毒事故或者其他严重食源性疾病”，但根据上述规定，认定河豚鱼干属于国家为防控疾病等特殊需要明令禁止生产、销售的食品，即满足该罪危险要件。

（二）邹某某所售河豚鱼干属于国家为防控疾病等特殊需要明令禁止生产、销售的食品

河豚为有毒鱼类。河豚所含河豚毒素对人的致死量为6～7ug/kg，0.5mg河豚毒素即可使70kg的成人中毒死亡。河豚毒素化学性质稳定，日晒、盐腌及一般烹调手段均不能使其破坏①。从近年来国家卫计委发布的全国食物中毒事件的通报情况看，因食用河豚鱼、河豚鱼干中毒的情况时有发生。基于此，国家食药监总局等相关部门多次下发通知禁止河豚鱼的生产经营。

2011年1月10日，国家食品药品监督管理局下发的《关于经营河豚鱼导致食物中毒案件行政处罚的有关事项的通知》（食药监办食函［2011］12号）明确要求“餐饮服务提供者经营河豚鱼导致食物中毒，其行政处罚适用食品安全法第八十五条第八项，按生产经营国家为防病等特殊需要明令禁止生产经营的食品论处”。同年6月9日，国家食药监局办公室《关于餐饮服务提供者经营河豚鱼有关问题的通知》（食药监办食函［2011］242号），进一步强调，严禁任何餐饮服务提供者加工制作鲜河豚鱼。对经营河豚鱼的，依照食品安全

① 黄光照主编：《法医毒理学》，人民卫生出版社2005年版，第251页。

法第八十五条的规定进行处罚。

2013 年，国务院对食品监管的机构职能进行调整后，新成立的国家食品药品监督管理总局对食品生产经营环节进行全程监管。2015 年食品安全法修正实施后，国家食品药品监督管理总局将禁止经营河豚鱼的范围从餐饮环节延审到流通环节。2015 年 10 月 15 日，国家食品药品监督管理总局办公厅《关于流通环节是否允许销售河豚鱼有关问题的复函》（食药监办食监二函〔2015〕624 号）明确：河豚鱼含有河豚毒素，尽管不同品种河豚毒素差异明显，但其食用安全风险均较大。河豚鱼属于食品安全法第三十四条“禁止经营不符合食品安全要求的食品”，在河豚鱼相关安全标准发布之前，禁止食品经营者销售河豚鱼；对销售河豚鱼的，依照食品安全法第一百二十四条的规定处罚。

2016 年 9 月 22 日，农业部办公厅、国家食药监总局办公厅下发《关于有条件开放养殖红鳍东方鲀和养殖暗纹东方鲀加工经营的通知》（农办渔〔2016〕53 号），有条件开放了两个河豚品种的生产经营。但该通知从鱼源基地、加工设备、技术人员、制度规范等方面，对养殖加工企业作了严格的要求，并明确河豚产品的河豚毒素含量不得超过 2.2mg/kg。

综上可知，国家食药监局 2011 年通知明确，对经营河豚鱼的行为，按生产经营国家为防病等特殊需要明令禁止生产经营的食品论处。国家食药监总局办公厅 2015 年复函认为，河豚鱼属于食品安全法第三十四条“禁止经营不符合食品安全要求的食品”。该复函虽未直接明确河豚鱼属于“国家为防控疾病等特殊需要明令禁止生产经营的食品”，但从修正后的食品安全法第三十四条的内容看，“禁止经营不符合食品安全要求的食品”的外延已涵盖了“国家为防病等特殊需要明令禁止生产经营的食品”。故仍可将河豚鱼认定为“国家为防病等特殊需要明令禁止生产经营的食品”。2016 年 9 月，国家有条件开放了部分河豚鱼的加工经营，本案显然不符合开放经营的相关情形。

二、对非法经营国家为防控疾病等特殊需要明令禁止生产、销售的食品的行为是否一概入罪

对非法经营国家为防控疾病等特殊需要明令禁止生产、销售的食品的行为是否一概入罪，存在两种不同意见：

第一种意见认为，根据《解释》第一条第三款之规定，该情形应认定为

刑法第一百四十三条规定的“足以造成严重食物中毒事故或者其他严重食源性疾病”，即满足生产、销售不符合安全标准的食品罪的危险要件，为了体现国家从严打击食品犯罪的刑事政策，对该行为应一概入罪。

第二种意见认为，实践中此类行为的社会危害性不宜一概而论，食品安全法第一百二十三条第一款规定了此类情形的行政处罚，故实践中应区分情况，不宜一概入罪处理。

笔者同意后一种意见。理由为：

生产、销售不符合安全标准的食品罪系具体的危险犯，其是以行为对法益侵害的危险作为犯罪的根据，入罪前提要达到法定的危险标准，故成立该罪需要根据行为当时的具体情况判断是否存在现实的危险。就非法经营河豚鱼的行为而言，宜从销售金额、毒素含量、行为后果等方面综合判断行为对法益侵害的危险程度，为非法经营行为设置一定的入罪门槛，以突出刑事打击重点，并与食品安全法中的违法行为拉开距离，为行政处罚留出空间。本案中，邹某某销售河豚鱼干2.4公斤，所售河豚鱼干河豚毒素含量为22.9mg/kg，该检测结果远超出理论上的致人死亡量以及农办渔〔2016〕53号通知关于“河鲀产品的河豚毒素含量不得超过2.2mg/kg”的要求，其销售行为已存在具体现实的危险，故对邹某某宜入罪处理。

《最新法律文件解读》丛书
稿　约

《最新法律文件解读》是一套以为最新法律规范提供同步"解读"为主的系列丛书,分为刑事、民事、商事、行政与执行4个分册,按月出版。

本丛书以"解读"为重点,突出全、专、新、快、准等特点,通过对最新出台的法律、法规、司法解释、部门规章以及重要地方性法规进行同步动态解读,弥补了法律、法规、司法解释汇编类出版物没有同步阐释、解读内容的不足,为广大读者学习理解最新法律规范,正确贯彻执行法律文件,及时解决实践中的新情况、新问题,提供一个全方位、多层面的法律信息平台。

欢迎您向以下栏目赐稿:

【最新法律文件解读】主要是对最新颁行的法律文件进行解读,帮助司法和执法人员正确理解法律文件的立法背景、意义、重点内容、在适用中应注意的问题、与相关法律文件的衔接与互动关系等等。

【司法实务问题研究】主要刊登对司法理论、实务及司法管理工作中的热点、疑难问题进行研究及评论的文章。

【新类型疑难案例选评】主要是对司法和行政执法实践中具有典型性和代表性的疑难案例,结合具体案情以及审理或处理结果进行简练精辟的点评,解析认识问题的方法、处理问题的法律依据和在个案中的具体适用。

【法学前沿与新视点】以摘要的形式刊登相关法学理论研究的最新动态及具有代表性和典型性的前沿问题,扩展法学研究的深度和广度。

【法律适用问题解答】主要针对司法和行政执法实践中面临的新问题、热点问题、疑难问题进行简要的解答,指出涉及的法律关系,明确法律适用依据。

稿件一经刊用,即付稿酬,稿酬从优。

《刑事法律文件解读》　姜　峤　邮箱:bj85250573@126.com

《民事法律文件解读》　丁丽娜　邮箱:dlnlaw@163.com

《商事法律文件解读》　路建华　邮箱:shangshijiedu@126.com

《行政与执行法律文件解读》　张　奎　邮箱:271717306@qq.com

人民法院出版社

《最新法律文件解读》丛书编辑部